“助力乡村振兴，引领质量兴农”系列丛书

水果产品质量追溯实用技术手册

中国农垦经济发展中心　组编
秦福增　韩学军　主编

中国农业出版社
农村读物出版社
北　京

图书在版编目（CIP）数据

水果产品质量追溯实用技术手册/中国农垦经济发展中心组编；秦福增，韩学军主编．—北京：中国农业出版社，2020.10

（“助力乡村振兴，引领质量兴农”系列丛书）

ISBN 978-7-109-27444-0

Ⅰ.①水…　Ⅱ.①中…②秦…③韩…　Ⅲ.①水果－质量管理体系－中国－技术手册　Ⅳ.①F326.13-62

中国版本图书馆 CIP 数据核字（2020）第 194995 号

中国农业出版社出版

地址：北京市朝阳区麦子店街 18 号楼

邮编：100125

责任编辑：胡烨芳　刘　伟

版式设计：杜　然　　责任校对：赵　硕

印刷：北京中兴印刷有限公司

版次：2020 年 10 月第 1 版

印次：2020 年 10 月北京第 1 次印刷

发行：新华书店北京发行所

开本：700mm×1000mm　1/16

印张：8.5

字数：200 千字

定价：50.00 元

丛书编委会名单

本书编写人员名单

主　　编：秦福增　韩学军

副 主 编：郁志博　王明月　罗金辉

编写人员（按姓氏笔画排序）：

刘　阳　许冠堂　张　明

陈　杨　陈　曙

前言

中共十九大作出中国特色社会主义进入新时代的科学论断，我国社会主要矛盾已经转化为人民日益增长的美好生活需要和不平衡不充分的发展之间的矛盾，我国经济已由高速增长阶段转向高质量发展阶段。以习近平同志为核心的党中央深刻把握新时代我国经济社会发展的历史性变化，明确提出实施乡村振兴战略，深化农业供给侧结构性改革，走质量兴农之路。只有坚持质量第一、效益优先，推进农业由增产导向转向提质导向，才能不断适应高质量发展的要求，提高农业综合效益和竞争力，实现我国由农业大国向农业强国转变。

21 世纪初，我国开始了对农产品质量安全追溯方式的探索和研究。近十年来，在国家的大力支持和各级部门的推动下，农产品质量安全追溯制度建设取得显著成效，成为近年来保障我国农产品质量安全的一种有效的监管手段。产业发展标准先行。标准是产业高质量发展的助推器，是产业创新发展的孵化器。《农产品质量安全追溯操作规程》系列标准的发布实施，构建了一套从生产、加工到流通全过程质量安全信息的跟踪管理模式，探索出一条“生产有记录、流向可追踪、信息可查询、质量可追溯”的现代农业发展之路。为推动农业生产经营主体标准化生产，促进农业提质增效和农民增收，加快生产方式转变发挥了积极作用。

“助力乡村振兴，引领质量兴农”系列丛书是对农产品质量安全追溯操作规程系列标准的进一步梳理和解读，是贯彻落实乡村振兴战略、切实发挥农垦在质量兴农中的带动引领作用的基本举措，也是贯彻落实农业农村部质量兴农、绿色兴农和品牌强农要求的重要抓手。本系列丛书由中国农垦经济发展中心和中国农业出版社联合推出，对谷物、畜肉、水果、茶叶、蔬菜、小麦粉及面条、水产品等大宗农产品相关农业生产经营主体农产品质量追溯系统建立，以及追溯信息采集及管理等进行全面解读，并辅以追溯相关基础知识和实际操作技术，必将对宣贯农产品质量安全追溯标准、促进农业生产经营主体标准化生产、提高我国农产品质量安全水平发挥积极的推动作用。

本书秉持严谨的科学态度，在遵循《中华人民共和国农产品质量安全法》《中华人民共和国食品安全法》等国家法律法规以及现有相关国家标准的基础上，立足保安全、提质量的要求，着力推动农产品质量安全追溯向前发展。本书共分为两章：第一章为农产品质量安全追溯概述，主要介绍了农产品质量安全追溯的定义，国内外农产品质量安全追溯发展情况，以及农产品质量安全追溯的实施原则、实施要求等；第二章为 NY/T 1762—2009《农产品质量安全追溯操作规程　水果》解读，并在内容解读基础上提供了一些实际操作指导和实例分析，以期对水果生产经营主体的生产和管理更具指导意义。主要介绍了自查的流程和出现质量安全问题时的处理办法。

限于编者的学识水平，加之时间匆忙，书中不足之处在所难免，恳请各位读者在使用过程中予以指正并提出宝贵意见和建议。

编　者

2020 年 08 月

目 录

第一章
农产品质量安全追溯概述

随着工业化以及现代物流业的发展，越来越多的农产品是通过漫长而复杂的供应链到达消费者手中。由于农产品的生产、加工和流通往往涉及位于不同地点和拥有不同技术的生产经营主体，消费者通常很难了解农产品生产、加工和流通的全过程。在农产品对人们健康所造成风险逐渐增加的趋势下，消费者已经逐渐觉醒，希望能够通过一定途径了解农产品生产、加工与流通的全过程，希望加强问题农产品的回收和原因查询等风险管理措施。如何满足消费者最关切的品质、安全卫生以及营养健康等需求，建立和提升消费者对农产品质量安全的信任，对于政府、生产经营主体和社会来说，都显示出日益重要的意义。自20世纪80年代末以来，全球农产品相关产业和许多国家的政府越来越重视沿着供应链进行追溯的可能性。建立农产品质量安全追溯制度，实现农产品的可追溯性，现在已经成为研究制定农产品质量安全政策的关键因素之一。

第一节　农产品质量安全追溯简介

一、农产品质量安全追溯的定义

从20世纪80年代末发展至今，农产品质量安全追溯制度在规范生产经营主体生产过程、保障农产品质量安全等方面的作用越来越明显。虽然农产品质量安全追溯制度得到了世界各国的认可与肯定，但至今尚未形成统一的概念。为提高消费者对农产品质量安全追溯的认识，进一步促进农产品质量安全追溯发展，需对农产品质量安全追溯这一术语进行界定。

“可追溯性”是农产品质量安全追溯的基础性要求，在对农产品质量安全追溯进行定义之前，应先厘清“可追溯性”这一基础概念。目前，“可追溯性”定义主要有欧盟、国际食品法典委员会（CAC）和日本农林水产省的定义。

欧盟将“可追溯性”定义为“食品、饲料、畜产品和饲料原料，在生产、加工、流通的所有阶段具有的跟踪追寻其痕迹的能力”。CAC 将“可追溯性”定义为“能够追溯食品在生产、加工和流通过程中任何指定阶段的能力”。日本农林水产省的《食品追踪系统指导手册》将“可追溯性”定义为“能够追踪食品由生产、处理、加工、流通及贩售的整个过程的相关信息”。

根据我国《新华字典》解释，追溯的含义是“逆流而上，向江河发源处走，比喻探索事物的由来”，顾名思义，农产品质量安全追溯就是对农产品质量安全信息的回溯。本书编者在修订 NY/T 1761—2009《农产品质量安全追溯操作规程　通则》过程中，结合当前我国农产品质量安全追溯工作特点以及欧盟、CAC 日本农林水产省对“可追溯性”的定义，将农产品质量安全追溯定义为“运用传统纸质记录或现代信息技术手段对农产品生产、加工、流通过程中的质量安全信息进行跟踪管理，对问题农产品回溯责任，界定范围”。

二、国外农产品质量安全追溯的发展

农产品质量安全追溯是欧盟为应对肆虐十年之久的疯牛病建立起来的一种农产品可追溯制度。随着经济的发展和人们生活水平的提高，人民群众对于安全农产品的呼声越来越高、诉求越来越强烈，且购买安全农产品的意愿越来越强。在全球化和市场化的背景下，农产品生产经营分工越来越细，从“农田到餐桌”的链条越来越长，建立追溯制度、保障食品安全不仅是政府的责任、从业者的义务，更是一种产业发展的趋势与要求。从国外农产品质量安全追溯建设情况来看，追溯体系建设主要通过法规法令制定、标准制定和系统开发应用 3 个层面进行推进。

（一）国外法规法令制定情况

欧盟、日本、美国等国家和地区通过制定相应法规法令明确规定了生产经营主体在追溯制度建设方面应尽的义务和责任。

1. 欧盟法规法令制定情况

欧盟为应对疯牛病问题，于 1997 年开始逐步建立农产品可追溯制度。按照欧盟有关食品法规的规定，食品、饲料、供食品制造用的家禽，以及与食品、饲料制造相关的物品，其在生产、加工、流通的各个阶段必须确立这种可追踪系统。该系统对各个阶段的主题做了规定，以保证可以确认以上的各种提供物的来源与方向。可追踪系统能够从生产到销售的各个环节追踪检查产品。2000 年，欧盟颁布的《食品安全白皮书》首次把“从田间到餐桌”的全过程管理纳入食品安全体系，明确所有相关生产经营者的责任，并引入危害分析与关键控制点（HACCP）体系，要求农产品生产、加工和销售等所有环节应具有可追溯性。2002年，欧盟颁布的有关食品法规则进一步升级，不仅要求明确相关生产经营者的责任，还规定农产品生产经营主体生产、加工和流通全过程的原辅料及质量相关材料应具有可追溯性，以保证农产品质量安全。同时，该法规规定自2005年1月1日起，在欧盟范围内流通的全部肉类食品均应具有可追溯性，否则不允许进入欧盟市场流通。该法规的实施对农产品生产、流通过程中各关键环节的信息加以有效管理，并通过对这种信息的监控管理，来实现预警和追溯，预防和减少问题的出现，一旦出现问题即可迅速追溯至源头。

2. 日本法规法令制定情况

日本紧随欧盟的步伐，于2001年开始实行并推广追溯系统。2003年5月，日本颁布了《食品安全基本法》，该法作为日本确保食品安全的基本法律，树立了全程确保食品安全的理念，提出了综合推进确保食品安全的政策、制定食品供应链各阶段的适当措施、预防食品对国民健康造成不良影响等指导食品安全管理的新方针。在《食品安全基本法》的众议院内阁委员会的附带决议中，提出了根据食品生产、流通的实际情况，从技术、经济角度开展调查研究，推进能够追溯食品生产、流通过程的可追溯制度。2003年6月，日本出台了《关于牛的个体识别信息传递的特别措施法》（又称《牛肉可追溯法》），要求对日本国内饲养的牛安装耳标，使牛的个体识别号码能够在生产、流通、零售各个阶段正确传递，以此保证牛肉的安全和信息透明。2009年，日本又颁布了《关于米谷等交易信息的记录及产地信息传递的法律》（又称《大米可追溯法》），对大米及其加工品实施可追溯制度。

3. 美国法规法令制定情况

2001年“9·11”事件后，美国将农产品质量安全的重视程度上升至国家层面，当年发布的《公共健康安全与生物恐怖应对法》要求输送进入美国境内的生鲜农产品必须具有详尽的生产、加工全过程信息，且必须能在4h内进行溯源。2004年5月，美国食品和药物管理局（FDA）公布《食品安全跟踪条例》，以制度的形式要求本国所有食品企业和在美国从事食品生产、包装、运输及进口的外国企业建立并保存食品生产、流通的全过程记录，以便实现对其生产食品的安全性进行跟踪与追溯。2009年，为进一步加强质量安全管理，美国国会通过了《食品安全加强法案》，要求一旦农产品、食品出现质量问题，从业者需要在两个工作日内提供完整的原料谱系，对可追溯管理提出了更加明确的要求。

（二）国外技术标准制定情况

在颁布法规法令强制推行农产品质量安全追溯制度的同时，为有效指导追溯体系建设，一些国家政府、国际组织先后制定了多项农产品追溯规范（指南），在实践中发挥了积极作用。

2003 年 4 月 25 日，日本农林水产省发布了《食品可追溯制度指南》，该指南成为指导各企业建立食品可追溯制度的主要参考。2010 年，日本农林水产省对《食品可追溯制度指南》进行修订，采用 CAC 的定义，即“可追溯”被定义为“通过登记的识别码，对商品或行为的历史和使用或位置予以追溯的能力”，进一步明确追溯制度原则性要求。美国、法国、英国、加拿大等国政府参照国际标准，结合本国实际情况，制定了相应技术规范或指南。

国际食品法典委员会（CAC）、国际物品编码协会（GSI）、国际标准化组织（ISO）等有关国际机构利用专业优势、资源优势，积极参与农产品追溯体系技术规范制定，为推动全球农产品质量安全追溯管理发挥了重要作用。CAC 权威解释了可追溯性的基本概念和基本要求；国际物品编码协会（GSI）利用掌控全球贸易项目编码的优势，先后制定了《全球追溯标准》《生鲜产品追溯指南》及牛肉、蔬菜、鱼和水果追溯指南等多项操作指南，其追溯理念、编码规则被欧盟、日本、澳大利亚等多个国家和地区参照使用；2007 年，ISO 制定了 ISO 22005《饲料和食品链的可追溯性　体系设计与实施的通用原则和基本要求》，提出了食品/饲料供应链追溯系统设计的通用原则和基本需求，通过管理体系认证落实到从业者具体活动中。

（三）国外追溯系统开发应用情况

随着信息化的发展，追溯体系必须依靠信息技术承担追溯信息的记录、传递、标识。从欧盟、美国、日本追溯体系具体建设看，农产品追溯系统的开发建设采用政府参与以及与企业自建相结合的模式推进追溯系统应用。法国在牛肉追溯体系建设中，政府负责分配动物个体编码、发放身份证、建立全国肉牛数据库，使法国政府能够精准掌握全国肉牛总量、品种、分布，时间差仅为一周；而肉牛的生产履历由农场主、屠宰厂、流通商按照统一要求自行记录。日本在牛肉制品追溯体系建设中，政府明确动物个体身份编码规则；农林水产省各个下级机构安排专人负责登记；国会拨付资金给相关协会、研究机构，承担全国性信息网络建设、牛肉甄别样品邮寄储存；饲养户、屠宰企业、专卖店自行承担追溯系统建设中信息采集、标签标识等方面的系统建设和标签标识支出，政府不予以补贴。

三、我国农产品质量安全追溯的发展

为提高我国农产品市场竞争力，扩大农产品贸易顺差，满足消费者对农产品质量的要求，我国于2002年开始实施“无公害食品行动计划”。该计划要求“通过健全体系，完善制度，对农产品质量安全实施全过程的监管，有效改善和提高我国农产品质量安全水平”。在一定意义上来说，“无公害食品行动计划”的实施拉开了我国农产品质量安全追溯研究的序幕。经过多年的探索与发展，已基本建立符合我国生产实际的追溯体系以及保障实施的法律法规、规章及标准，为我国农产品发展方向由增产向提质转变夯实基础。

（一）我国法律法规制定情况

2006年，中央1号文件首次提出要建立和完善动物标识及疫病可追溯体系，建立农产品质量可追溯制度；其后每年中央1号文件均反复强调要建立完善农产品质量追溯制度。2006年11月1日，《中华人民共和国农产品质量安全法》（以下简称《农产品质量安全法》）正式颁布施行。在农业生产档案记录方面，该法第二十四条明确规定：“农产品生产企业和农民专业合作经济组织应当建立农产品生产记录，如实记载下列事项：（一）使用农业投入品的名称、来源、用法、用量和使用、停用的日期；（二）动物疫病、植物病虫草害的发生和防治情况；（三）收获、屠宰或者捕捞的日期。农产品生产记录应当保存二年。禁止伪造农产品生产记录。国家鼓励其他农产品生产者建立农产品生产记录。”在农产品包装标识方面，该法第二十八条明确要求：“农产品生产企业、农民专业合作经济组织以及从事农产品收购的单位或者个人销售的农产品，按照规定应当包装或者附加标识的，须经包装或者附加标识后方可销售。包装物或者标识上应当按照规定标明产品的品名、产地、生产者、生产日期、保质期、产品质量等级等内容；使用添加剂的，还应当按照规定标明添加剂的名称。”2009年6月1日，《中华人民共和国食品安全法》（以下简称《食品安全法》）正式施行。该法明确要求国家建立食品召回制度。食品生产企业应当建立食品原料、食品添加剂、食品相关产品进货查验记录制度和食品出厂检验记录制度；食品经营企业应当建立食品进货查验记录制度，如实记录食品的名称、规格、数量、生产批号、保质期、供货者名称及联系方式、进货日期等内容。2015年4月24日修订的《食品安全法》明确规定，“食品生产经营者应当依照本法的规定，建立食品安全追溯体系，保证食品可追溯”，我国农产品质量安全追溯上升至国家法律层面。

（二）我国相关部门文件及标准等制定情况

1. 我国相关部门文件制定情况

为配合农产品质量安全追溯相关法律法规的实施，加快推进追溯系统建设，规范追溯系统运行，我国各有关政府部门制定了农产品监管及质量安全追溯相关的文件。

2001年7月，上海市政府颁布了《上海市食用农产品安全监管暂行办法》，提出了在流通环节建立“市场档案可溯源制”。2002年，农业部发布第13号令《动物免疫标识管理办法》，该办法明确规定猪、牛、羊必须佩带免疫耳标并建立免疫档案管理制度。2003年，国家质量监督检验检疫总局启动“中国条码推进工程”，并结合我国实际，相继出版了《牛肉产品跟踪与追溯指南》《水果、蔬菜跟踪与追溯指南》，国内部分蔬菜、牛肉产品开始拥有“身份证”。2004年5月，国家质量监督检验检疫总局出台《出境水产品追溯规程（试行）》，要求出口水产品及其原料需按照规定标识。2011年，商务部发布《关于“十二五”期间加快肉类蔬菜流通追溯体系建设的指导意见》（商秩发〔2011〕376号），意见要求健全肉类蔬菜流通追溯技术标准，加快建设完善的肉类蔬菜流通追溯体系。2012年，农业部发布《关于进一步加强农产品质量安全监管工作的意见》（农质发〔2012〕3号），提出“加快制定农产品质量安全可追溯相关规范，统一农产品产地质量安全合格证明和追溯模式，探索开展农产品质量安全产地追溯管理试点”。为进一步加快建设重要产品信息化追溯体系，2017年，商务部联合工业和信息化部、农业部等7部门联合发布《关于推进重要产品信息化追溯体系建设的指导意见》（商秩发〔2017〕53号），意见要求以信息化追溯和互通共享为方向，加强统筹规划，健全标准体系，建设覆盖全国、统一开放、先进适用的重要产品追溯体系。2018年，为落实《国务院办公厅关于加快推进重要产品追溯系统建设的意见》（国办发〔2015〕95号），农业农村部和商务部分别印发了《农业农村部关于全面推广应用国家农产品质量安全追溯管理信息平台的通知》（农质发〔2018〕9号）和《重要产品追溯管理平台建设指南（试行）》，旨在促进各追溯平台间互通互联，避免生产经营主体重复建设追溯平台。

2. 我国标准制定情况

为规范追溯信息采集内容，指导生产经营主体建立完善的追溯体系，保障追溯体系有效实施和管理，各行政管理部门以及相关企（事）业单位制定了系列标准。从标准内容来看，主要涉及体系管理、操作规程（规范、指南）等方面。

（1）体系管理类标准　2006 年参照 ISO 22000：2005，我国制定了 GB/T 22000—2006《食品安全管理体系　食品链中各类组织的要求》。2009 年参照 ISO 22005：2007，我国制定了 GB/T 22005—2009《饲料和食品链的可追溯性体系设计与实施的通用原则和基本要求》，追溯标准初步与国际接轨。2010 年，我国制定了 GB/Z 25008—2010《饲料和食品链的可追溯性　体系设计与实施指南》。此外，以 GB/T 22005—2009 和 GB/Z 25008—2010 为基础，国家质量监督检验检疫总局制定并发布了部分产品的追溯要求，如 GB/T 29379—2012《农产品追溯要求　果蔬》、GB/T 29568—2013《农产品追溯要求　水产品》、GB/T 33915—2017《农产品追溯要求　茶叶》。

（2）操作规程（规范、指南）类标准　2009 年，农业部发布了 NY/T 1761—2009《农产品质量安全追溯操作规程　通则》，并制定了谷物、水果、茶叶、畜肉、蔬菜、小麦粉及面条和水产品 7 项农产品质量安全操作规程的农业行业标准。此外，农业部还制定了养殖水产品可追溯标签、编码、信息采集等水产行业标准。商务部制定了肉类蔬菜追溯城市管理平台技术、批发自助交易终端、手持读写终端规范以及瓶装酒追溯与防伪查询服务、读写器技术、标签要求等国内贸易规范。中国科技产业化促进会发布了畜类和禽类产品追溯体系应用指南团体标准。

（3）其他标准　例如，为促进各追溯系统间数据互联共享，农业部制定了 NY/T 2531—2013《农产品质量追溯信息交换接口规范》；为规范农产品追溯编码、促进国际贸易，农业部制定了 NY/T 1431—2007《农产品追溯编码导则》等。

（三）我国农产品质量安全追溯系统开发应用情况

2008 年之前，我国农产品质量安全追溯系统还基本处于空白状态，可追溯管理要求主要通过完善生产档案记录来实现。2008 年之后，随着各级政府部门的大力推动，追溯管理理念逐步得到从业者认可，开发设计了形式多样、各具特点的追溯系统，追溯制度建设呈现出快速发展趋势。我国政府牵头组织运行的追溯平台包括中国产品质量电子监管网、国家发改委重点食品物联网追溯系统、国家食品安全追溯平台、商务部肉菜流通及中药材追溯系统、农产品质量追溯系统、农垦农产品质量安全追溯系统、工信部食品工业企业质量安全追溯平台等，支持网站、短信、电话、二维码、商超内部电子机器等多种形式查询。

我国的食品质量安全追溯试点工作从2000年开始实践，其中肉类蔬菜农产品的质量安全最先成为试点追溯对象。财政部、商务部于2010年确定了上海等10个城市为第一批试点城市，2011年确定了第二批10个试点城市。上海于2001年率先提出了建立在食品流通环节“市场档案可溯源制”食品质量安全追溯体系，并于2013年底最终建成，是我国落实和推行追溯制度较早的城市之一。北京市于2003年开始着力构建现代化保障体系，涵盖45类食品之多，设定质量安全目标并实施专项整治；2008年，以保障奥运食品药品安全为契机进行进一步强化；2017年，提出“技术创新计划”。青岛市作为首批试点城市之一，创新性推出“一六三”追溯体系，统一信息追溯平台，实施远程监控和质量检验等措施保障食品质量，并分不同流通领域进行管理。此外，江苏省、四川省、福建省、湖南省等地相继推出本地追溯体系。

四、实施农产品质量安全追溯的意义

实施农产品质量安全追溯，对于农产品质量监测、认证体系建设、贸易促进等方面具有积极的推动作用。具体表现在以下5个方面：

1. 有利于提高企业竞争力，保护生产经营主体的合法权益和积极性

市场经济的框架下，部分企业为追求不正当利益，食品掺杂使假情况层出不穷；许多企业用心生产的合格产品被其他商家仿冒，企业每年花费在品牌形象维权上的成本占比很大，不仅造成了企业资源的浪费，还极大挫伤了企业研发优质产品的积极性。通过建立农产品质量安全追溯系统，使得农产品生产到销售全过程透明面对社会，使得制假造假的商家无从下手，保障了生产经营主体的合法权益。

2. 有利于农产品质量问题原因的查找，降低生产经营主体损失

追溯体系可以起到对农产品安全“确责”与“召回”的作用，根据追溯信息，明确农产品安全责任的归属，确定负责人；明确不合格产品的批次，实现快速、准确召回。当农产品发生质量问题时，根据农产品生产、加工过程中原料来源、生产环境（包括水、土、大气）、生产过程（包括农事活动、加工工艺及其条件）以及包装、储存和运输等信息记录，从发现问题端向产业链源头回溯，逐一分析及排查，直至查明原因，有利于减少农业生产经营主体的经济损失。

3. 有利于认证体系的建设和实施，提高企业质量管理水平

目前，我国认证体系主要有企业认证和产品认证两类。其中，企业认证主要是规范生产过程，包括 ISO 系列的 ISO 9000、ISO 14000 等，危害分析与关键控制点（HACCP）、良好生产规范（GMP）和良好农业规程（GAP）等；产品认证不仅对生产过程进行规范，还对产品标准具有一定要求，包括有机食品、绿色食品和地理标志产品等。农产品质量安全追溯体系是对生产环境、生产、加工和流通全过程质量安全信息的跟踪和管理，这些内容也正是企业认证和产品认证的基础条件，从而保障了生产经营主体认证体系的建设和实施。

4. 保障消费者（采购商）知情权，提升消费者的信心

农产品质量安全追溯信息覆盖整个产业链，所有质量信息均可通过一定渠道或媒介向消费者或采购商提供。消费者或采购商可通过知晓的全过程质量追溯信息，满足了消费者（采购商）的知情权，提高了消费者（采购商）的信心和购买意愿。

5. 有利于提升产品质量安全水平，增强竞争力

在农产品质量安全事件频发的今天，各国对于农产品质量的要求越来越高，对于农产品的准入也越来越严格。目前，欧盟、美国和日本均对进口农产品的可追溯性作出了一定要求。对于我国一个农产品生产大国来说，实施农产品质量安全追溯势在必行，产品生产各环节的重要信息可传递、可查询、可追责，强化各环节责任主体对于产品质量安全的责任意识，确保生产制造产品质量达标，切实提高中国农产品在国际市场的竞争力。

第二节　农产品质量安全追溯操作规程

在解读 NY/T 1762—2009《农产品质量安全追溯操作规程　水果》前，应首先明确何谓标准及其中的一个类型——操作规程。

一、标　　准

（一）标准的定义

操作规程是标准的形式之一。标准是规范农业生产的重要依据，农业生产标准化已成为我国农业发展的重要目标之一。为保障农产品质量安全，我国不断加强法治建设，涉及农业生产的法律法规主要有《食品安全法》《农产品质量安全法》《农药管理条例》《兽药管理条例》等。

标准属于法规范畴，对法律、法规起到支撑作用。标准的定义是“为在一定范围内获得最佳秩序，经协商一致制定并由公认机构批准，共同使用的和重复使用的一种规范性文件”。对以上定义应有充分认识，才能正确解读标准，现分别解释如下。

1. “为在一定范围内获得最佳秩序”

“为在一定范围内获得最佳秩序”是标准制修订的目的，“最佳秩序”是各行各业进行有序活动，获得最佳效果的必要条件。因此，标准化生产是农业生产的必然趋势。依据辩证唯物主义观点，“最佳秩序”是目标，是有时间性的。某个时期制定的标准达到那个时期的最佳秩序，但以后发生客观情况的变化或主观认知程度的提高，已制定的标准不能达到最佳秩序时，就应对该标准进行修订，以便达到最佳秩序。因此，在人类生产历史中，最佳秩序的内涵不断丰富，人类通过修订标准逐渐逼近最佳秩序。例如，NY/T 1762—2009《农产品质量安全追溯操作规程　水果》发布于 2009 年，该标准可规范水果生产的质量安全追溯，达到当时认知水平下的最佳秩序，并在发布后的若干年内，客观情况变化或主观认知水平上尚未认识到需要修改该标准。但随着社会的发展以及技术的更新，当标准中的某些内容不适用时，就需对该标准进行修订，以达到新形势下的最佳秩序。

2. “经协商一致制定”

“经协商一致制定”是标准制修订程序之一，是针对标准制修订单位的要求。标准和生产分别属于上层建筑和经济基础范畴，标准依据生产，又服务于生产。因此，制修订的标准既不可比当时生产水平低，拖生产后腿；又不可远超过当时生产水平，高不可及。标准制修订单位需要与生产部门、管理部门、科研院所和大专院校广泛交流，标准各项内容应协商一致，以便确保标准的先进性和可操作性，使标准的实施对生产起到应有的促进作用。

3. “由公认机构批准”

“由公认机构批准”是标准制修订程序之一。公认机构是指标准化管理机构，如国家标准化技术委员会。就我国而言，标准分为国家标准、行业标准、地方标准、团体标准和企业标准，均需国家标准化技术委员会批准、备案后方可实施。就国际上而言，这种公认机构除政府部门外，还有联合国下属机构，如国际标准化组织（ISO）、联合国食品法典委员会（CAC）等；或者国际行业协会，如国际乳业联合会（IDF）等。只有公认机构批准发布的标准才是有效的。

4. “共同使用的和重复使用的”

标准的使用者是标准适用范围内的合法单位。例如，所有我国合法经营的水果生产企业均可使用 NY/T 1762—2009《农产品质量安全追溯操作规程　水果》，该标准也适用于所有我国合法经营水果的其他生产经营主体，如合作社、公司和协会等。该标准可供水果生产经营主体共同使用，且在修订或作废之前是被重复使用的。除水果生产经营主体外，协助、督导、监管水果生产经营主体质量安全追溯工作的单位，如农业农村部和各地方管理部门、有关质量追溯监测机构等也可应用该标准，帮助水果生产经营主体更好实施该标准。

5. “规范性文件”

“规范性文件”表明标准是用以详述法律和法规内容，具有法规性质，但它不是法规，而属于法规范畴，是要求强制执行或推荐执行的规范性文件。

（二）标准的性质

就标准性质而言，标准分为强制性标准和推荐性标准，表示形式分别为标准代号中不带“/T”和带“/T”，如《农产品质量安全追溯操作规程　水果》是推荐性标准，其标准代号为 NY/T 1762—2009。推荐性标准是非强制执行的标准，但当没有其他标准可执行时，为达到该标准的目的，就必须按该标准执行。

（三）标准的分级

我国标准分为国家标准、行业标准、地方标准、团体标准和企业标准，由其名称可知其适用范围。级别最高的是国家标准，最低的是企业标准。同一标准若发布了国家标准，则比其级别低的其他标准自行作废。国家鼓励企业制定企业标准，但其内容要求应严于国家标准，且在企业内部执行。

（四）标准的分类

从标准的应用角度，可将标准分为以下 6 种主要类型。

1. 限量标准

规定某类或某种物质在产品中限量使用的规范性文件，如 GB 2760—2014《食品安全国家标准　食品添加剂使用标准》。

2. 产品标准

规定某类或某种产品的属性、要求以及确认的规则和方法的规范性文件，如 GB/T 10651—2008《鲜苹果》。

3. 方法标准

规定某种检验的原理、步骤和结果要求的规范性文件，如 GB 5009.3—2016《食品安全国家标准　食品中水分的测定》。

4. 指南

规定某主题的一般性、原则性、方向性的信息、指导或建议的规范性文件，如 GB/T 14257—2009《商品条码　条码符号放置指南》。

5. 规范

规定产品、过程或服务需要满足的要求的规范性文件，如 NY/T 2319—2013《热带水果电子束辐照加工技术规范》

6. 规程

规定为设备、构件或产品的设计、制造、安装、维护或使用而推荐惯例或程序的规范性文件，如 NY/T 1505—2007《水果套袋技术规程　苹果》。

二、操作规程

操作规程是规程中最普遍的一种，它规定了操作的程序。NY/T 1762—2009《农产品质量安全追溯操作规程　水果》规定水果生产经营主体实施质量安全追溯的程序以及实施这些程序的方法，其以章的形式叙述以下 10 个方面内容。

（一）范围

“范围”包括两层含义：一是该标准包含的内容范围，即术语和定义、要求、编码方法、信息采集、信息管理、追溯标识、体系运行自查和质量安全应急问题处置；二是该标准规定的适用范围，即水果的质量安全追溯。

（二）规范性引用文件

列出的被引用的文件经过标准条文的引用后，成为标准应用时必不可少的文件。文件清单中不注明日期的标准表示其最新版本（包括所有的修改单）适用于本标准。在 NY/T 1762—2009《农产品质量安全追溯操作规程　水果》中引用了 NY/T 1761《农产品质量安全追溯操作规程　通则》，没有发布年号，其含义是引用现行有效的最新版本标准。

（三）术语和定义

所用术语和定义与 NY/T 1761《农产品质量安全追溯操作规程　通

则》相同。因此，不必在本标准中重复列出，只需引用 NY/T 1761 的术语和定义即可。而 NY/T 1761 的术语和定义共有 11 条，其中列出 8 条。引用 NY/T 1431《农产品产地编码规则》中 3 条术语和定义。

（四）要求

在规定水果生产经营主体实施质量安全追溯程序以及实施方法之前，应先明确实施的必备条件，只有具备条件后才能实施操作规程。这些条件主要包括追溯目标、机构或人员、设备和软件、管理制度等内容。

（五）编码方法

编码方法是实施操作规程的具体程序和方法之一，此部分内容叙述整个产业链各个环节的编码方法。不同水果生产经营主体产业链不同，编码方法也不尽相同。例如，种植类的农业生产经营主体需从种植环节开始编码，而水果加工经营主体，则需包括加工、生产和销售环节的编码。

（六）信息采集

信息采集是实施操作规程的具体程序和方法之一，此部分内容叙述整个产业链各个环节的信息采集要求和内容。

（七）信息管理

信息管理是实施操作规程的具体程序和方法之一，此部分内容叙述信息采集后的存储、传输、查询。

（八）追溯标识

追溯标识是实施操作规程后，在产品上体现追溯的表示方法。

（九）体系运行自查

体系运行自查是实施操作规程后，自行检查所用程序和方法是否达到预期效果，若须完善，则应采取改进措施。

（十）质量安全问题处置

质量安全问题处置是实施操作规程后，一旦发生质量安全问题，应采取的处置方法，作为对实施操作规程的具体程序和方法的补充。

整个操作规程的内容除（一）范围外，（二）、（三）、（四）是必要条件，（五）、（六）、（七）是实施的程序和方法，（八）、（九）、（十）是实施后的体现和检查处理。由此组成一个完整的操作规程。

第三节　农产品质量安全追溯实施原则

农产品质量安全追溯的实施原则是指导农产品质量安全追溯操作规程制修订的前提思想，也是保证农产品质量安全追溯规范、顺利进行的根本。这些原则体现在该标准的制修订和执行之中。

一、合法性原则

进入21世纪以来，随农产品外部市场竞争的加剧以及内部市场需求的增长，我国对农产品质量安全的重视程度上升到了一个新的高度，已经从法律、法规等层面作出相应要求。《食品安全法》《农产品质量安全法》《国务院办公厅关于加快推进重要产品追溯体系建设的意见》《农业部关于加快推进农产品质量安全追溯体系建设的意见》《农业农村部关于全面推广应用国家农产品质量安全追溯管理信息平台的通知》《关于农产品质量安全追溯与农业农村重大创建认定、农产品优质品牌推选、农产品认证、农业展会等工作挂钩的意见》等法律、法规以及相关部门文件都提出建立农产品质量安全追溯制度的要求。

农产品质量安全追溯的实施过程还应依据以下相关标准：

（一）条码编制

编制条码应依据GB/T 12905—2019《条码术语》、GB/T 7027—2002《信息分类和编码的基本原则与方法》、GB 12904—2008《商品条码　零售商品编码与条码表示》、GB/T 16986—2018《商品条码　应用标识符》等标准。具体到农产品，编制条码时还应依据NY/T 1431—2007《农产品追溯编码导则》和NY/T 1430—2007《农产品产地编码规则》等标准。

（二）二维码编制

编制二维码应依据GB/T 33993—2017《商品二维码》。

二、完整性原则

该原则主要是追溯信息的完整性要求，体现在以下2个方面。

（一）过程完整性

应覆盖水果生产、加工、流通全过程。追溯产品为水果时，包括田间管理、采收、储存、运输、销售、检验。追溯产品为水果制品时，还应增加收购、加工、包装。

（二）信息完整性

追溯信息内容应包括所有涉及质量安全、责任主体、可追溯性 3 个方面的信息。

1. 各环节涉及的质量安全信息

追溯信息应覆盖生产、加工、流通全过程，同时还应与当前国家标准或行业标准相适应。

种植环节追溯信息应包括基地环境、农药和肥料等的信息。其中，基地环境条件包括灌溉用水、土壤、大气环境等，应记录取样地点、时间、检测机构和监测时间等信息；农药使用记录内容应依据中华人民共和国国务院令第 677 号《农药管理条例》和 GB/T 8321《农药合理使用准则》系列标准记录农药的通用名及商品名、来源（包括供应商和生产厂商名称、生产许可证号或批准文号、登记证号、产品批号或生产日期）、主要防治对象、剂型及含量、稀释倍数、用药方法、使用量、安全间隔期等信息；肥料施用记录内容应依据《肥料合理使用准则》系列标准及相关部门的规章、公告等记录肥料的通用名及商品名、来源（包括供应商和生产厂商名称、生产许可证号或批准文号、登记证号、产品批号或生产日期）、施用量、施肥地块、施肥时间等。

加工环节追溯信息包括收购检测、仓储温（湿）度、加工（加工用水、投入品等）、产品检验、包装和销售等信息。

2. 涉及责任主体的信息

责任主体信息主要包括各环节操作时间、地点和责任人等。对于农药、肥料购买和使用应记录品名（通用名）、生产厂商、生产许可证号、登记证号或生产批准文号、批次号（或生产日期）、农药安全间隔期、时间、使用地块、使用量和责任人等。对于加工环节，应记录加工时间、生产线名称、加工量、责任人等。

3. 可追溯性信息

可追溯性信息是上、下环节信息记录中有唯一性的对接内容，以保证实施可追溯。例如，农药购买记录和农药使用记录上均有农药名称、生产厂商、批次号（或生产日期），或用代码衔接，以确保所用农药只能是某厂商生产的某批次农药。纸质记录的可追溯性保证了电子信息的可追溯性。

三、对应性原则

除记录信息的可追溯性外，还应在农产品质量安全追溯的实施过程中确保农产品质量安全追溯信息与产品的唯一对应。为此，应做到以下要求。

（一）各环节和单元进行代码化管理

各环节或单元的名称宜进行代码化管理，以便电子信息录入设备识别和信息传输。进行代码化管理时宜采用数字码，编制时应通盘考虑，既简单明了、容易识别，又不易混淆。

（二）纸质记录真实反映生产过程和产品性质

纸质记录内容仅反映生产过程和产品性质中与质量安全有关的内容，与此无关的农事活动和经营内容不应列入。

若水果生产经营主体的纸质记录除了质量安全追溯内容外，还有其他体系认证、产品认证或经营管理需记录，则不必制作多套表格，可以制作一套表格，在其栏目上标注不同符号，如星形符号（*）、三角形符号（△）等，以表示以上不同类型用途的记录内容。纸质记录被录入追溯系统时，录入人员仅录入带有质量安全追溯符号的栏目内容即可。

（三）纸质记录和电子信息唯一对应

纸质记录与电子信息必须唯一对应。要求电子信息录入人员收到纸质记录后需要做以下程序性工作：

1. 审核纸质记录的准确性、规范性

纸质记录是否有不准确之处，如农药未使用通用名、农药的使用量未使用法定计量单位标注、未标明安全间隔期等；纸质记录的填写是否有不规范之处，如有涂改、空项等，发现后录入人员不得自行修改，应退回有关部门或人员修改。缺项的由制表人员修改表格，如农药生产企业的生产许可证号或批准文号、登记证号、批次号（或生产日期）等。若表格的栏目齐全，填写有误，则退回给填写人员，让其修改或重新填写。

2. 纸质信息准确录入电子设备

完成纸质记录审核后，信息录入人员应将纸质信息准确无误地录入追溯系统。同时，应有相关措施保障电子信息不篡改、不丢失。为此，应采取以下措施：

（1）用于质量安全追溯的计算机等电子信息录入设备不允许兼用于其

他经营管理。

（2）录入人员设有权限，设置有个人登录密码。

（3）计算机等电子信息录入设备有杀毒软件，以免受到攻击。

（4）有外接设备定期备份、专用备份，如硬盘、光盘。

3. 核实录入内容

纸质信息录入后，信息录入人员应对录入内容与纸质记录的一致性进行核实；若不一致，则进行修改。

四、高效性原则

随着信息化的发展，运用现代信息技术对农产品从生产到消费实行全程可追溯管理。这既是农业信息化发展的重要趋势，也是新时期加强农产品质量安全管理的必然要求。从信息化角度分析，建立农产品质量安全追溯制度的本质要求就是综合运用计算机技术、网络技术、通信技术、编码技术、数字标识技术、传感技术、地理信息技术等现代信息技术对农产品生产、流通、消费等各个环节实行标识管理，记录农产品质量安全相关信息、生产者信息，以此形成顺向可追、逆向可溯的精细化质量管控系统，建立高效、精确、快捷的农产品质量安全追溯体系，全面提升农产品质量安全管控能力。

第四节　农产品质量安全追溯实施要求

为加深农业生产经营主体对农产品质量安全追溯的认识与理解，保障追溯体系顺利建立与实施，切实发挥农产品质量安全追溯在保质量、促安全等方面的作用，农业生产经营主体建设追溯体系之前，应先做好以下4个方面准备工作：

一、制订农产品质量安全追溯实施计划

农业生产经营主体在建立追溯体系前应制订详尽的实施计划。实施计划主要包括以下内容：

（一）追溯产品

农业生产经营主体生产的全部产品都可实施农产品质量安全追溯时，则全部产品可为追溯产品。若有部分产品无法实施追溯，则不应将该部分产品列入追溯产品。例如，水果生产企业部分水果是自己种植、部分是收购周边种植户，对种植户没有种植过程要求或有要求但无法控制其生产全

过程，则收购的这部分水果不列入追溯产品；水果加工企业生产的水果制品，部分是本企业加工生产，部分是委托本地或外地加工企业代工生产，且被委托的加工企业尚不具备可追溯条件，则产品是同一品牌，也不能将被委托企业生产的产品列为追溯产品。

（二）追溯规模

追溯规模的确定依据是正常环境和经营条件下的生产能力，不考虑不可抗力的发生，如冰雹、虫害等。

（三）追溯精度

追溯精度应合理确定，不应过细或过粗。水果生产经营主体若能对种植、生产等进行统一管理和信息采集，则追溯精度可以细分到种植户或地块，但追溯精度太细会增加采集追溯信息的工作量。若生产经营主体的追溯精度过粗，也不合适。如追溯精度不能到地块或种植户，而是设置为乡镇且不能再细分，则失去了追溯的意义。

（四）追溯深度

追溯深度依据追溯产品的销售情况进行确定。水果加工企业有直销店，则追溯深度为零售商；若无直销店，则追溯深度为批发商；若兼有直销店和批发商，或无法界定销售对象的销售方式，则追溯深度可定为初级分销商。

（五）实施内容

实施内容的全面性是保障追溯工作有效完成的基础，应包括满足农产品质量安全追溯工作要求的所有内容，如制度建设、追溯标签的形成、追溯技术的培训等。

（六）实施进度

实施进度的制订可以确保农业生产经营主体高效地完成追溯体系建设，避免追溯体系建设进展缓慢等问题。制订实施进度时，应充分考虑自身发展情况，结合现有基础，列出所有实施内容的完成期限以及相关责任主体。

二、配置必要的计算机网络设备、标签打印设备、条码读写设备等硬件及相关软件

采用信息化管理的生产经营主体应配置计算机等电子信息设备，配置

数量应合适。追溯系统建设前，应先根据生产过程确定追溯精度，种植环节中每个精度应有一个信息采集点。例如，追溯精度为种植户，每个种植户为信息采集点；若种植户组（内含若干种植户）为追溯精度，则种植户组为信息采集点；在加工环节中，每条生产线为一个信息采集点。另外，产品检验的实验室设立一个信息采集点，成品包装、储存、运输为一个信息采集点，销售为一个信息采集点。由信息采集点决定所用计算机等电子信息录入设备数量。若每个信息采集点各自采集或录入信息，则所用计算机等电子信息录入设备数量与信息采集点数量一样；若每个信息采集点统一采集或录入信息则仅需一套计算机等电子信息录入设备。

配置标签打印设备、条码读写设备等专用设备。专用设备配置数量由农业生产经营主体所需标签打印数量确定。如果产品采用工业化生产线进行生产，或者追溯产品包装不适合粘贴纸质标签，就应配置喷码、激光打码等专用设备。

配置的软件系统应涵盖所有可能影响产品质量安全的环节，确保采集的信息覆盖生产、加工、流通全过程的各个信息采集点，且满足追溯精度和追溯深度的要求。

三、建立农产品质量安全追溯制度

农业生产经营主体应依据自身追溯工作特点和要求，制定产品质量安全追溯工作规范、信息采集和系统运行规范、质量安全问题处置规范（产品质量安全事件应急预案）等制度以及与其配套的相关制度或文件（如产品质量控制方案），且应覆盖追溯体系建设、实施与管理的所有内容。现分述如下。

（一）产品质量安全追溯工作规范

产品质量安全追溯工作规范内容主要包括：一是制定目的、原则和适用范围；二是开展追溯工作的组织机构、人员与职责，以及保障追溯工作持续稳定进行的措施；三是实施方案以及工作计划的制订、实施；四是制度建设的原则和程序；五是相关人员培训计划、实施；六是质量安全追溯体系自查；七是产品质量安全事件的处置。

（二）信息采集及系统运行规范

信息采集及系统运行规范内容主要包括：一是追溯码的组成、代码段的含义及长度；二是信息采集点的设置；三是纸质记录内容的设计、填写和上传；四是电子信息的录入、审核、传输、上报；五是电子设备的安全维护要求和记录；六是系统运行的维护和应急处置；七是追溯标签的管理。

（三）产品质量安全事件应急预案

产品质量安全时间应急预案内容主要包括：一是编制目的、原则和适用范围；二是应急体系的组织机构和职责；三是应急程序；四是后续处理；五是应急演练及总结。

（四）产品质量控制方案

产品质量控制方案内容主要包括：一是编制目的、依据、方法以及适用范围；二是组织机构和职责；三是关键控制点的设置；四是质量控制项目及其临界值的确定；五是控制措施、监测、纠偏、验证和记录等。

四、指定部门或人员负责各环节的组织、实施和监控

具备一定规模的农业生产经营主体宜成立相关机构（质量安全追溯领导小组）或指定专门人员负责组织、统筹、管理追溯工作，并将追溯工作的全部内容分解到各部门或人员，明确其职责，做到既不重复，又不遗漏。一旦发生问题，可依据职责找到相关责任人，避免相互推诿，便于问题查找以及工作改进。例如，生产记录的表格的设计、制订、填写、录入或归档出现问题，可根据人员分工，跟踪到直接责任人，并进行工作改进。

第二章

《农产品质量安全追溯操作规程　水果》解读

第一节　范　围

【标准原文】

1　范围

本标准规定了水果质量安全追溯的术语和定义、要求、编码方法、信息采集、信息管理、追溯标识、体系运行自检、质量安全问题处置。

本标准适用于水果质量安全追溯体系的实施。

【内容解读】

1. 本标准规定内容

本标准规定的所有内容将在以下各节进行解读。

2. 本标准适用范围

本标准适用于水果。

3. 本标准不适用范围

本标准既不适用于非水果产品的质量安全追溯操作规程，也不适用于水果的非质量安全追溯操作规程。

第二节　术语和定义

【标准原文】

3　术语和定义

NY/T 1761 确立的术语和定义适用于本标准。

【内容解读】

1. NY/T 1761 确定的术语和定义

NY/T 1761《农产品质量安全追溯操作规程　通则》是农产品质量安全追溯操作的通用准则，内容包括术语和定义、实施原则与要求、体系实施、信息管理体系运行自查和质量安全问题处置，对全国范围内农产品质量安全追溯体系的建设及有效运行起到了重要作用。NY/T 1761《农产品质量安全追溯操作规程　通则》是产品类标准制定的基础，为各产品类农产品质量安全追溯操作规程的制定起到了指导性作用。

NY/T 1761《农产品质量安全追溯操作规程　通则》确立的术语和定义有以下 8 条：

（1）农产品质量安全追溯（quality and safety traceability of agricultural products）　运用传统纸质记录或现代信息技术手段对农产品生产、加工、流通过程的质量安全信息进行跟踪管理，对问题农产品回溯责任、界定范围。

（2）追溯单元（traceability unit）　在农产品生产、加工、流通过程中不再细分的单个产品或批次产品。

（3）追溯信息（traceability information）　可追溯农产品生产、加工、流通各环节记录信息的总和。

（4）追溯精度（traceability precision）　可追溯农产品回溯到产业链源头的最小追溯单元。

（5）追溯深度（traceability depth）　可追溯农产品能够有效跟踪到的产业链的末端环节。

（6）组合码（combined code）　由一些相互依存并有层次关系的描述编码对象不同特性代码段组成的复合代码。

（7）层次码（layer code）　以编码对象集合中的层次分类为基础，将编码对象编码成连续且递增的代码。

（8）并置码（coordinate code）　由一些相互独立的描述编码对象不同特性代码段组成的复合代码。

2. NY/T 1431 确定的术语和定义

NY/T 1761《农产品质量安全追溯操作规程　通则》中引用了 NY/T 1431—2007《农产品追溯编码导则》，其在术语和定义中确立的术语和定义有以下 3 条：

（1）可追溯性（traceability）　从供应链的终端（产品使用者）到始端（产品生产者或原料供应商）识别产品或产品成分来源的能力，即通过记录或标识追溯农产品的历史、位置等的能力。

（2）农产品流通码（code on circulation of agricultural products）　农产品流通过程中承载追溯信息向下游传递的专用系列代码，所承载的信息是关于农产品生产和流通两个环节的。

（3）*农产品追溯码*（code on tracing of agricultural products） 农产品终端销售时承载追溯信息直接面对消费者的专用代码，是展现给消费者具有追溯功能的统一代码。

【实际操作】

1. 可追溯性

水果产品的可追溯性是指从供应链的终端（产品使用者）到始端（产品生产者或原料供应商）识别产品或产品成分来源的能力。水果产品供应链的终端是指产品使用者（包括批发商、零售商和消费者）。始端是指产品生产者或原料供应商（包括种植基地、初加工厂等）。原料供应商包括肥料供应商、农药供应商以及加工过程中使用的食品添加剂供应商。

识别产品或产品成分来源的能力，是指与质量安全有关的产品成分及其来源，通过质量安全追溯达到识别的能力。以下举例说明。

以水果中农药残留（以下简称农残）为例，水果中农药残留的来源可能是农药供应商添加了农药名称以外的农药，或供应的农药不纯，含有其他农药成分；也可能是农药使用者没按照国家标准规定使用（如农药的剂型、稀释倍数、使用量、使用方式等）、使用了国家明令禁用农药或没按安全间隔期规定采摘水果；也可能是追溯产品的农药残留检验过程不规范。

以水果中的重金属残留为例，水果中的重金属残留来源可能是种植环境（包括土壤、灌溉水和空气），也可能是施用的肥料中带入，也有可能是加工过程中引入（包括包装材料中重金属的迁移等）。

所有这些成分的来源分析是通过产业链各环节的信息记录或产品标识追溯到产业链内的工艺段，即通过质量安全信息从产业链终端向始端回溯，从而构成农产品的可追溯性。

2. 农产品流通码

农产品流通码的信息包括农产品生产和流通 2 个环节的信息，该信息是从始端环节向终端环节传递的顺序信息。

生产环节代码包括生产者代码、产品代码、产地代码和批次代码，农产品流通码对一个生产经营主体来说是唯一性的。生产经营主体编码时，可采用国际公认的 EAN·UCC 系统。其中，EAN 是联合国的编码系统（国际物品编码协会），UCC 是美国的编码系统（美国统一代码委员会），两者结合组成 EAN·UCC 系统。EAN·UCC 是国际通用编码系统，生产经营主体按此编码符合国际贸易要求，可在出口产品中采用该编码。

（1）EAN和UCC系统　EAN·UCC代码包括应用标识符、标识代码类型、代码段数、代码段内容以及代码段中数字位数等。常用的EAN·UCC系统主要有以下2种：

①EAN·UCC-13代码。EAN·UCC-13代码是标准版的商品条码，由13位数字组成，包括前缀码（由EAN分配给各国或地区的2～3位数字，在2002年前中国是3位数690～695）、厂商识别代码（由中国物品编码中心负责分配7～9位数字）、商品项目代码（由厂商负责编制3～5位数字）和校验码（1位数字）。

②EAN·UCC-8代码。EAN·UCC-8代码是缩短版的商品条码，由8位数字组成，包括商品项目识别代码（由中国物品编码中心负责分配7位数字）和校验码（1位数字）。

（2）我国国际贸易农产品流通码　农产品流通码示例见图2-1。

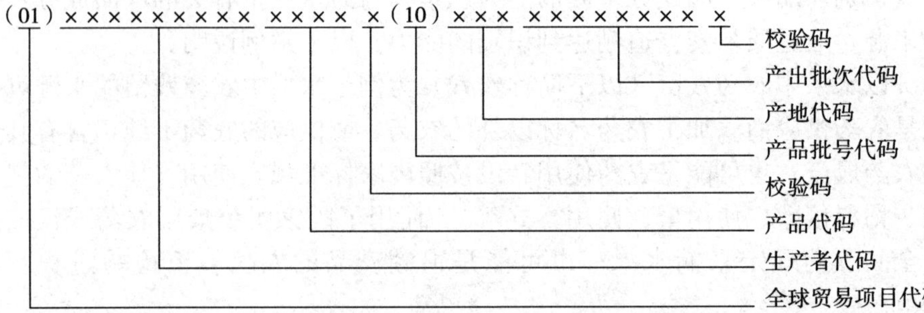

图2-1　农产品流通码示例

生产者代码和产品代码处于全球贸易项目代码的应用标识符AI（01）之中，该标识符可用于定量贸易项目，其第一个数字代码（即生产者代码的第一个数字代码为0～8）；也可用于变量贸易项目，其第一个数字代码（即生产者代码的第一个数字代码为9）。生产者代码有7～9位数字（可用0表示预留代码），产品代码有3～5位数字（可用0表示预留代码），2个代码结束处设校验码（1位数字）。

产地代码和产出批次代码处于全球贸易项目代码的应用标识符AI（10）之中，其中产出批次代码中可加入生产日期代码（6位数字，顺序从前到后依次为年份的后2个数字、2位月份代码和2位日数代码），2个代码结束处设校验码（1位数字）。

以上内容的蔬菜生产环节流通码有由生产经营主体完成生产时编制完成。

水果流通环节代码包括批发、零售、运输、分装等环节的代码，其内容为流通作业主体代码、流通领域产品代码、流通作业批次代码，这些代码对一个流通部门来说是唯一性的。

水果生产环节和水果流通环节流通码也可合二为一，由流通部门向生产经营主体提供必要的流通领域诸代码，生产经营主体在完成生产时编制一个体现生产和流通两方面内容的代码，其形式为生产领域的流通码，即4个代码段，在生产者、产品、产地和产出批次代码段中加入流通领域的内容。

3. 农产品追溯码

追溯码是提供给消费者、政府管理部门的最终编码，仍由4个代码段组成，与流通码一样，但不使用标识符，仅有一个校验码。追溯码由流通码压缩加密形成。追溯码的组成见图2-2。

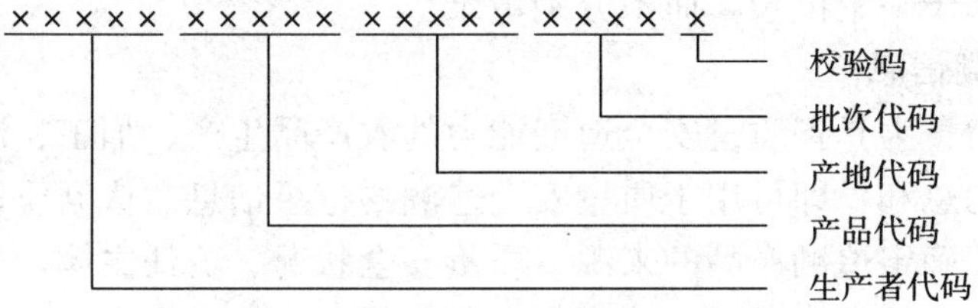

图2-2 农产品追溯码示例

4. 追溯单元

追溯单元定义为农产品生产、加工、流通过程中不再细分的管理对象。

农产品生产、加工、流通过程中具有多个工艺段，这些工艺段可以是技术型的，也可以是管理型的，统称为管理对象。其划分的粗细按其技术条件或管理内容而分，一个追溯单元内的个体具有共同的技术条件或管理内容。例如，某水果生产经营主体，若每个种植户不能处于相同的种植条件下，则追溯单元为每个种植户；若不同的种植户组能够实施统一管理（农药的使用、化肥的施用皆一致），则追溯单元为种植户组。

一个追溯单元有一套记录，适用于该追溯单元内的每个个体。追溯单元的划分是确定追溯精度的前提。

5. 批次

批次为由一个或多个追溯单元组成的集合，常用于产品批次。尽管每个追溯单元具有自己的技术条件或管理内容，且有别于其他追溯单元。但农产品生产、加工、流通过程是连续的物流过程，可分为多个阶段。当一个追溯单元的产品进入下一个阶段时，因技术条件或管理内容而不得不与其他追溯单元的产品混合时，就形成混合产品，即成为批次。以水果种植为例，如果不同的种植户组的水果能够实现分别加工处理，则一个种植户组的水果可作为一个批次；若不能实现分别加工处理，则多个种植户组的水果为一个批次。

批次可作为追溯精度。

6. 记录信息

记录信息指农产品生产、加工、流通中任何环节记录的信息内容。生产经营主体在管理中应根据《中华人民共和国农产品质量安全法》，做好记录。需记录的内容包括与产品质量安全有关的信息，如生产资料的技术内容、工艺条件等；也包括与产品质量安全无关的信息，如职工的工作量、生产资料的收购价等。前者可用于质量安全追溯，后者则不用于质量安全追溯，仅用于经营管理。生产经营主体为了记录的方便，往往是这两方面内容列于一个记录，而不分别记录。

7. 追溯信息

追溯信息为具备质量安全追溯能力的农产品生产、加工、流通各环节记录信息的总和，即可用于质量安全追溯的记录信息。依据质量安全追溯的内容，即确定追溯产品的来源、质量安全状况、责任主体，追溯信息应满足该内容的要求。因此，追溯信息应包括3个方面内容。

（1）环节信息　即信息是记录在哪一环节。环节的划分依据如下：

①生产组织形式的反映。例如，农药购入由单独的部门完成，然后分发给农药使用者，则农药购入和农药使用为2个环节。若农药使用者自行购入农药，则农药购入和农药使用合为一个环节。

②相同技术条件或管理内容的部门可归为一个环节。例如，各种植户组统一进行管理的水果种植，具有相同的技术条件或管理内容，可合并为一个环节。

③结合追溯精度，可以细分或粗合。环节信息应具体并唯一地反映该环节，表达方式可用汉字或数字（应在质量安全追溯制度中写明该数字的含义）。例如，第1种植户组第1号地块或1-01。

（2）责任信息　即时间、地点、责任人，以便发生质量安全问题时可依此确定责任主体。责任人包括质量安全追溯工作的责任人以及生产投入品供应企业责任人（该企业名称）。

（3）要素信息　该环节的技术要素或管理要素的反映。要素信息应满足质量安全追溯的要求，如使用的农药品名、剂型、稀释倍数、使用量、使用方法和安全间隔期等。

8. 追溯精度

（1）追溯精度定义　农产品质量安全追溯中可追溯到产业链源头的最小追溯单元。目前，生产水平和管理方式尚未完全摆脱粗放模式的影响，最小追溯单元基于生产实践。生产经营主体的记录可精确到生产者农户、农户组或地块。

（2）确定追溯精度的原则 生产经营主体可依据自身生产管理现状，为满足追溯精度要求，对组织机构、工艺段和工艺条件做出小幅度更改。不必为质量安全追溯花费大量资金及人力，以致影响经济效益。因此，全国范围内水果生产经营主体的质量安全追溯模式不完全相同，各有符合本主体的特色。追溯精度也如此，各生产经营主体的追溯精度可以不同。追溯精度的放大和缩小各有利弊。

①追溯精度放大的优点是管理简单、记录减少。例如，生产经营主体的追溯精度确定为某种植户组，则该种植户组的农药使用、化肥施用、收获、仓储均为统一；该种植户组内生产人员可随时换岗；追溯信息的记录只需一套；运输时，本种植户组的水果可以随意混运；加工企业收购的鲜果不必分区；加工成的产品可以混合。总之，只要是出自同一种植户组的水果加工后的产品均可混合，这便于生产和管理。但其缺点是一旦发生质量安全问题，查找原因、责任主体、改进工作与奖惩制度的执行都较困难。再则，发生质量安全问题的产品数量大，涉及的批发商或零售商多，召回的经济损失及对企业的负面影响较大。

②追溯精度缩小的优缺点正好与之相反。因此，在管理模式和生产工艺不做重大变更的前提下，合理确定追溯精度是每个生产经营主体实施质量安全追溯前必须慎重解决的问题。

鉴于以上所述优缺点，一般来说，产品质量安全可控性强、管理任务又较繁重的企业，追溯精度可以适当放大；而产品质量安全可控性差、管理任务又不太繁重的企业，追溯精度可以适当缩小。

另外，随着国内外贸易的扩展和质量安全追溯的深化，加工企业应改进管理和工艺，使追溯精度更小。当加工企业工艺变化或销售方式变化影响产品可追溯性时，应及时通知生产经营主体对追溯精度作出相应变化，以便追溯工作的实施与管理。从而，促使追溯精度与实际生产过程相匹配，推进质量安全追溯发展，赢得消费者的赞赏。

9. 追溯深度

追溯深度为农产品质量安全追溯中可追溯到的产业链的最终环节。以生产经营主体作为质量安全追溯的主体，追溯深度有以下 5 类：

（1）加工企业 实施质量安全追溯的农业生产经营主体，其追溯产品水果销售给水果加工厂，追溯深度为加工企业；或实施质量安全追溯的加工厂，其追溯产品水果销售给非水果加工的食品加工厂（如果汁生产企业等），追溯深度也为加工企业。

（2）批发商　实施质量安全追溯的农业生产经营主体，其追溯产品销售给批发商，追溯深度为批发商。

（3）分销商　实施质量安全追溯的农业生产经营主体，其追溯产品销售给分销商及零售商，追溯深度为分销商。

（4）零售商　实施质量安全追溯的农业生产经营主体，其追溯产品销售给直销店或零售商，追溯深度为零售商。

（5）消费者　实施质量安全追溯的农业生产经营主体，其追溯产品直接销售给消费者，追溯深度为消费者。

10. 代码

代码是农产品质量安全追溯中赋值的基本形式。只有使用代码才能实施信息化管理，才能实施追溯。现分述如下。

（1）代码的基本知识

①代码表示形式。

由于代码需表示诸多不同类型的内容，因此，其表示形式有以下4种：

（a）数字代码（又称数字码）是最常用的形式，即用一个或数个阿拉伯数字表示编码对象。数字代码的优点是结构简单，使用方便，排序容易，便于推广。在应用阿拉伯数字时，对“0”不予赋值，而是作为预留位的数字，以便以后用其他数字代替，赋予一定含义或数值。

（b）字母代码（又称字母码）是用一个或数个拉丁字母表示编码对象。字母代码的优缺点如下所述。

一个优点是容量大，两位字母码可表示676个编码对象，而两位数字码仅能表示99个编码对象；另一个优点是有时可提供人们识别编码对象的信息，如BJ表示北京、HEB表示哈尔滨，便于人们记忆。

缺点是不便于计算机等数据采集电子设备的处理，尤其当编码对象数目较多、添加或更改频繁、编码对象名称较长时，常常会出现重复或冲突。因此，字母代码经常用于编码对象较少的情况。即使在这种情况下应用，尚须注意以下3点：

——当字母码无含义时，应尽量避免使用发音易混淆的字母，如N和M，P和B，T和D；

——当出现3个或更多连续字母时，应避免使用原音字母A、O、I、E、U，以免被误认为简单语言单词；

——在同一编码方案中应全部使用大写字母或小写字母，不可大小写字母混用。

（c）混合代码（又称数字字母码或字母数字码）。一般不使用混合代码，只有在特殊情况下才使用，如出口水果使用国际规定的流通码。混合代码中包括数字和字母的代码，有时还可有特殊字符。这种代码具有数字代码和字母代码的优缺点。编制混合代码时，应避免使用容易与数字混淆的字母，如字母 I 与数字 1、字母 Z 与数字 2、字母 G 与数字 6、字母 B 和 S 与数字 8；也应避免使用相互容易混淆的字母，如字母 O 和 Q。

（d）特殊字符。部分特殊字符（如 &、@等）可用于混合代码中增加代码容量。但连字号（-）、标点符号（，。、等）、星号（*）等不能使用。

②代码结构和形式。代码的结构包括由几个代码段组成、每个代码段的含义、这些代码段的位置、每个代码段有多少字符。例如，农产品追溯码由 4 个代码段组成，从左到右代码段的名称依次为生产者代码、产品代码、产地代码、批次代码。每个代码段内字符数由具体情况而定。

③代码长度。代码长度是指编码表达式的字符（数字或字母）数目，可以是固定的或可变的。但为了便于信息化管理，宜采用固定的代码长度，对当前不用而将来可能会用的代码长度，可以用“0”作为预留。例如，蔬菜产品代码，当前仅有 4 个品种，只需 1 位代码长度；若考虑将来品种会增加到 10 种，则应有 2 位代码长度，当前产品代码为 01 至 04。需要注意，代码长度不应过长，这不利于电子信息的管理。

（2）质量安全追溯中所用代码

①组合码。组合码为由一些相互依存的并有层次关系的描述编码对象不同特性代码段组成的复合代码。例如，生产者的居民身份证编码采用组合码，如表 2-1。

表 2-1 居民身份证码

居民身份证码	含义
××××××××××××××××××	居民身份证码的 18 位组合码结构
××××××	行政区划代码
××××××××	出生日期
×××	顺序码，其中奇数表示男性，偶数表示女性
×	校验码

该组合码分为 4 个代码段，共 18 位。前 2 个代码段分别表示公民的空间和时间特性，第 3 个代码段依赖于前 2 个代码段所限定的范围，第 4 个代码段依赖于前 3 个代码段赋值后的校验计算结果。

又如，水果追溯码如表 2-2。

表 2-2　水果追溯码

追溯码	含义
×××××××××××××××××××××××××	水果追溯码的 25 位组合码结构
××××××	从业者代码
××××	追溯产品代码
××××××	产地代码
××××××××	批次代码
×	校验码

该组合码分为 5 个代码段，共 25 位。第 1 个代码段是从业者代码，表示水果生产经营主体，包括经营者、生产者和经销商的全部或部分。第 2 个代码段是追溯产品代码，表示水果产品的代码。第 3 代码段是产地代码，表示追溯产品生产地的代码，可用国家规定的行政区划代码，如以下所述的层次码。第 4 个代码段是批次代码，如以下所述的并置码。第 5 个是校验码，依赖于前 4 个代码段 24 个代码赋值后的校验计算结果。

②层次码。层次码为以编码对象集合中的层次分类为基础，将编码对象编码成连续且递增的代码，如产地编码采用 3 层 6 位的层次码结构。每个层次有 2 位数字，从左到右的顺次分别代表省级、市级、县级。较高层级包含且只能包含较低层级的内容，内容是连续且递增的，组成层次码，表示某县所属市、省，表达一个有别于其他县的确切唯一的生产地点。

例如，北京市的省级代码为 11，下一层市辖区的市级代码为 01，下一层东城区的县级代码为 01。因此，生产地点在北京市东城区的代码为 110101。

③并置码。并置码为由一些相互独立的描述编码对象不同特性代码段组成的复合代码。例如，批次编码采用 2 个代码段，第 1 个代码段为批次，用数字码，其位数取决于 1d 内生产的批次数，可用 1 位或 2 位；第 2 个代码段是生产日期代码，采用 6 位数字码，分别表示年、月、日，各用 2 位数字码。批次代码和生产日期代码是具不同特性的，批次与生产线、生产设施有关，而生产日期仅是自然数。

第三节　要　　求

一、追溯目标

【标准原文】

4.1　追溯目标

追溯的水果产品可根据追溯码追溯到各个生产、采后处理、流通环节的产品、投入品信息及相关责任主体。

【内容解读】

1. 追溯码具有完整、真实的信息

追溯码追溯信息的完整、真实是保证能够根据追溯码进行追溯的基础，也是实施质量安全追溯的前提条件。如果没有完整和真实的追溯信息，顺向可追、逆向可溯便无从谈起。因此，对追溯码追溯信息有以下要求：

（1）*追溯信息应具有完整性* 完整性指信息覆盖种植、加工和流通整个产业链的所有环节。从信息内容上，应包括产品、投入品等所有追溯信息，即与追溯产品质量安全有关的信息。同时，还应包括明确的责任主体信息。

（2）*追溯信息应具有真实性* 追溯信息真实性指按照实际的生产、操作情况记录发生的事情。记录可为可追溯提供文件、验证的证据。因此，保证记录的真实性，将为质量原因的分析、问题产品的追溯、质量追溯系统的有效运行提供有力支撑。另外，记录的真实性也包含电子信息和纸质信息一致性的内涵，将纸质记录信息转录为电子信息记录应有审核的过程。

2. 追溯方式

质量安全追溯是依据追溯信息，从产业链终端向始端进行客观分析、判定和溯源的过程。生产经营主体应明确追溯产品的流向信息，然后从产业链的终端向始端方向进行回溯。

例如，苹果生产合作社的追溯产品为苹果，执行的产品标准为 NY/T 844—2017《绿色食品 温带水果》，流向共包括 7 个环节，分属于农产品生产经营主体 5 个、运输单位 1 个、流通单位 1 个。对应设立与质量安全有关的信息采集点为 7 个，组成信息流。苹果生产物流和信息流见图 2-3。

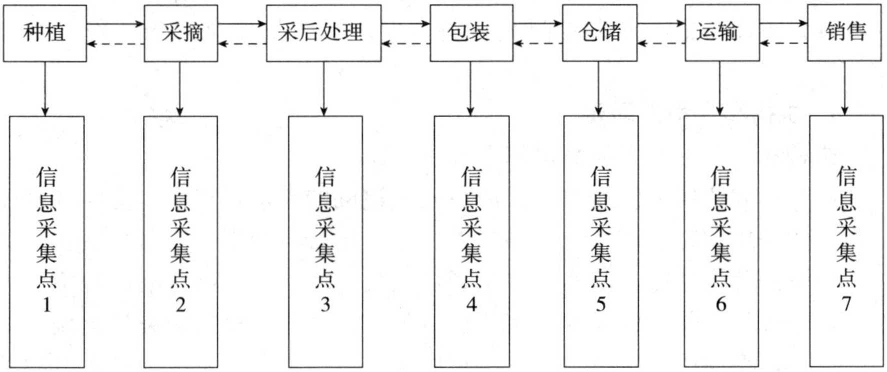

图 2-3 苹果生产物流和信息流示例

例如，当某市售苹果的型式检验查出重金属镉残留量为0.1mg/kg，超过GB 2762—2017《食品安全国家标准　食品中污染物限量》中规定的限量0.05 mg/kg时，企业就须实施追溯，步骤如下：

水果中重金属镉超标通常不是于包装、仓储、运输和销售环节产生的，因此若检验结果无误，则应向始端回溯至采后处理的信息采集点3。检查采后处理用水是否符合国家要求；如不符合，则采后处理环节的执行部门和个人为责任主体。

若以上环节没有问题，则继续向始端回溯至水果种植环节的信息采集点1。造成重金属镉超标的主要原因，可能是种植过程中的土壤基质、灌溉用水、植物生物富集作用或者投入品使用等。

因此，实施质量安全追溯的目的是实现农产品质量安全全程可控，便于查找质量安全问题的原因，明确其责任主体，并进行针对性的改进工作，提高可追溯产品的质量安全水平。

二、机构和人员

【标准原文】

4.2　机构和人员

追溯的水果生产企业（组织或机构）应指定部门或人员负责追溯的组织、实施、监控和信息的采集、上报、核实及发布等工作。

【内容解读】

设立机构和指定人员是从组织上保证农产品质量安全追溯工作顺利进行的重要举措。具备一定规模的生产经营主体，应设置专门机构（如质量安全追溯办公室）或指定专门人员负责组织、管理追溯工作；规模较小的生产经营主体，也应要有专门人员负责农产品质量安全追溯工作的组织实施。

1. 机构和人员的职责

机构和人员的职责应满足以下要求：

（1）职责明确　依据农产品质量安全追溯的要求，将整个工作（制度建设、业务培训、追溯系统网络建设、系统运行与管理、信息采集及管理等）分解到各个部门，落实到每个工作人员。职责既不可空缺，也不可重复，以便查找工作问题及界定责任。例如，生产记录表格的设计定稿、填写人员等，都应明确责任主体。一旦发生不可追溯，若是由记录人员的填写错误所致，则由记录人员负责；若是记录表格缺少应有项目致使追溯中断，则由设计定稿人员负责。再如，为保证培训效果以及培训的针对性，培训时应明确培训计划、授课人、授课对象等。若存在工作人员操作不当或操作不熟练的现象，培训计划应有操作相关内容，且听课人在培训签到表上签字；若培训计划有操作相关内容，授课人培训时未对该部分内容进行充分讲解，导致听课人未能充分理解，则授课人对此负责，并进行重新培训；若培训计划中未列入该内容，则培训计划制订人对此负责。总之，职责明确是保证质量安全追溯工作顺利进行的关键。

（2）人员到位　追溯工作分解到人时，应将全部工作明确分给各工作人员。工作分解到人可以有2种表示方式：

①明确规定某职务担任某项工作。这种“定岗定责”方式的优点是，当发生人员变动时，只要该职务不废除，谁承担该职务，谁就承担该工作；不至于由于人员变动导致无人接手相关工作的局面，从而影响追溯工作的有效衔接。

②明确担任某项工作人员的姓名。这种表示方式的好处是直观，但当发生人员变动时，需及时修改相关任命文件。

2. 工作计划

（1）工作计划的制订　农业生产经营主体在制订工作计划时，应根据自身生产实际，将全部质量安全追溯工作内容纳入计划、统筹考虑，并确定执行时间（依据轻重缓急和任务难易，可按周、月或季执行）、执行机构或人员、执行方式等。

（2）工作计划的执行　执行工作计划时，应记录执行情况，包括内容、执行部门或人、执行时间和地点以及完成及改进情况等。

（3）工作计划的监管检查　监管检查时，应形成检查报告，包括检查机构或人员、检查时间、检查内容、检查结果，以便后续改进。

3. 信息采集、上报、核实和发布

由于信息采集人员是接触信息的一线人员，其采集的信息的真实性、完整性直接影响追溯工作的顺利进行。因此，在指定机构和人员负责追溯工作的文件中应明确信息采集人员，以便在出现问题时直接找到相关责任人。信息采集人员对信息记录的真实性、完整性负责。

三、设备和软件

【标准原文】

4.3　设备和软件

追溯的水果生产企业（组织或机构）应配备必要的计算机、网络设备、标签打印机、条码读写设备及相关软件等。

【内容解读】

1. 计算机等电子设备

计算机等电子设备是农产品质量安全追溯的重要组成部分，是快速、有效地进行信息采集、信息处理、信息传输和信息查询的信息化工具，普遍应用于农产品质量安全追溯中。计算机示例见图 2-4。

图 2-4 计算机

2. 移动数据采集终端

移动数据采集终端是快速、高效、便携的电子设备，它可用于产业链过程中各环节电子信息的采集，如可用于储存、运输和销售的茶叶产品信息的采集，包括出入库条件、储存条件、运输车号、产品追溯码（一维码和二维码）、销售数量和去向等（见图 2-5）。

图 2-5 移动数据采集终端

3. 工控机

工控机是用于特殊环境下的信息化工具，如低温排酸间、冷藏库、高温杀灭菌车间等（见图 2-6）。它与普通计算机的差别如下：

图 2-6　工控机示例

（1）外观　普通计算机是开放、不密封的，表面有较多散热孔，有一个电源风扇向机箱外吹风散热。而工控机机箱则是全封的，所用的板材较厚，更结实，重量比普通计算机重得多，可以防尘，还可屏蔽环境中电磁等对内部的干扰。机箱内有一个电源用的风扇，可保持机箱内更大的正压强风量。

（2）结构　相对于普通计算机，工控机有一个较大的母板，有更多的扩展槽，CPU 主板和其他扩展板插在其中，这样的母板可以更好屏蔽外界干扰。同时，电源用的电阻、电容和电感线圈等元器件级别更高，具有更强的抗冲击、抗干扰能力，带载容量也大得多。

4. 网络设备

网络设备的合理可保证网络通信的有效和畅通。应建立有效的通信网络，使各信息采集、信息传递渠道畅通。可通过以下 4 种方式：

（1）通过 ADSL 上网。

（2）通过光纤方式上网。

（3）建立局域网　对于在一栋建筑物内、信息交换比较频繁的场所，应建立局域网，实现实时共享，减少各采集点数据导入、导出等操作。

（4）无线上网　对于不具备以上条件、信息交换又比较频繁的场所，建议采用此方式。

5. 标签打印机

建立信息化管理的水果生产经营主体应配备标签打印机（见图 2-7）。标签打印机数

图 2-7　标签打印机示例

量根据生产经营主体日产量、日包装量和日销售量等生产实际情况配置一台或多台。在条件允许情况下，生产经营主体宜配置一台备用，以应对突发状况。

6. 喷码机或激光打码机

喷码机是运用带电的墨水微粒，依据高压电场偏转的原理，可在各种不同材质的包装表面上非接触地喷印图案、文字和代码。喷码机机型多样，有小字符系列（见图 2-8）、高清晰系列、大字符系列等。当追溯产品包装为塑料袋等不适宜粘贴标签的，宜配备喷码机。

图 2-8　小字符喷码机示例

激光打码机使用软件偏转激光束，利用激光的高温直接烧灼需标识的产品表面，形成图案、文字和代码。与普通的墨水喷码机相比，激光喷码机的优点主要如下：

（1）降低生产成本，减少耗材，提高生产效率。

（2）防伪效果很明显，所以激光喷码技术可以有效地抑制产品的假冒标识。

（3）能在极小的范围内喷印大量数据，打印精度高，喷码效果好，美观。

（4）设备稳定度高，可 24h 连续工作，激光器免维护时间长达 2 万 h 以上。温度适应范围宽（5℃～45℃）。

（5）环保、安全，不产生任何对人体和环境有害的化学物质，是环保型高科技产品。

激光打码机示例见图 2-9。

当追溯产品采用塑料包装时，塑料封口机可与喷码机或激光打码机组成一体机，便于操作和打印计数。

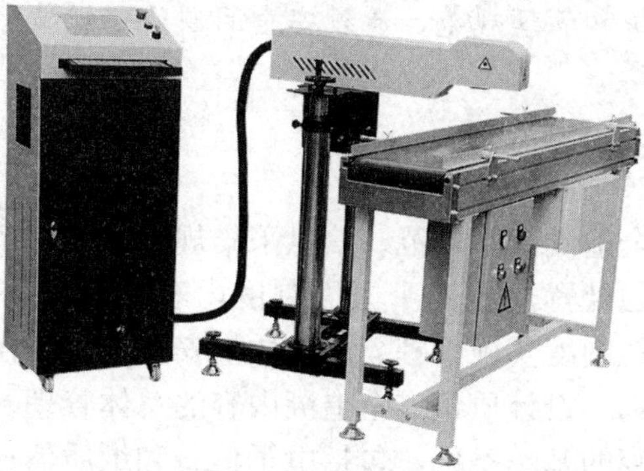

图 2-9 激光打码机示例

7. 条码识别器（又称条码阅读器、条码扫描器）

条码是将线条与空白按照一定的编码规则组合起来的符号，用以代表一定的字母、数字等资料。在进行识别时，是用条码识别器扫描，得到一组反射光信号，此信号经光电转换后变为一组与线条、空白相对应的电子讯号，经解码后还原为相应的数字和文字，然后传入计算机。条码识别器可用于条码（即一维条码）和二维码（即二维条码）。二维条码识别器示例见图 2-10。

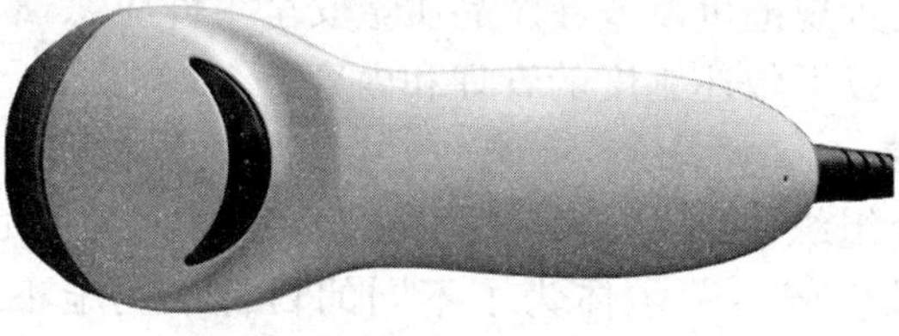

图 2-10 二维条码识别器示例

8. 软件

软件系统的科学合理性直接关系质量安全追溯工作的成效。软件系统的开发设计应以生产实际需求为导向，采用多层架构和组件技术，形成从种植记录到市场监管一套完整的农产品质量安全追溯信息系统。软件系统定制时，生产、加工过程中各投入品的使用以及产品检测等为必须定制项目，其他不影响产品质量安全的环节，则可选择性定制。同时，软件系统应满足其追溯精度和追溯深度的要求。

四、管理制度

【标准原文】

4.4 管理制度

追溯的水果生产企业应制定产品质量安全追溯工作规范、信息采集规范、信息系统维护和管理规范、质量安全问题处置规范等相关制度，并组织实施。

【内容解读】

产品质量安全追溯工作规范、信息采集规范、信息系统维护和管理规范、质量安全问题处置规范 4 个方面制度内容是质量安全追溯的基本内容，还可增加其他制度实施管理。产品质量安全追溯工作规范规定质量安全追溯的总体要求，设计质量安全追溯内容的总体管理。信息采集规范是实施质量安全追溯的基本条件，包括电子信息和纸质信息的采集内容、方式、传输。信息系统维护和管理规范是质量安全追溯实施的核心，为保证信息系统的高效、准确运行而应采取的日常管理和维护方法。质量安全问题处置规范用于，一旦质量安全追溯产品发生质量安全问题时，如何应用追溯码及所反映的信息对该追溯产品进行处置。

【实际操作】

信息采集规范可以与信息系统维护和管理规范合并成一个制度叙述。质量安全问题处置规范可以放在产品质量安全事件应急预案内，作为其中一个内容叙述。以下叙述制度的管理和内容。

1. 管理制度

管理是社会组织中，为了实现既定目标，以人为中心进行的控制与协调活动。水果生产经营主体为了不同的目标，实施不同的管理模式，如新中国成立初期生产企业实施过“全面质量控制”（TQC），而当今又有“危害分析与关键控制点”（HACCP）等。为规范农产品质量安全追溯的实施，保障追溯体系的运行，同样需要制定一套管理制度，它与其他企业管理有共性，也有个性。生产经营主体实施质量安全追溯管理是建立在以往各种管理模式积累的经验基础之上的。企业应依托现有基础，认真学习与领会质量安全追溯管理的个性，即与其他管理模式不同的特点，从而制定追溯相关制度。制度管理包括 4 个环节，即制定、执行、检查和改进。

（1）制定　制度文件制定时，应按照“写我所做、写我能做”的要求，涵盖质量安全追溯工作实际的所有内容，并确立明确的目标要求以及达到目标所应采取的措施，包括组织、人员、物质、技术、资金等。制度中所确立的目标应在生产经营主体能力范围内，且是必须达到的目标要求；而不切实际的目标和内容一律不得列入制度文件中，如追溯产品质量控制方案中列出的控制大气污染等。此外，不影响目标实施以及产品质量安全的内容也可以不在制度文件中列出。

（2）*执行* 指定的机构或人员应按照制度文件执行。当执行过程中发现制度内容与生产经营主体生产实际不符时，应告知相关人员对制度文件进行修订。指定机构或人员执行与否依据执行记录进行判定。

以追溯技术培训为例，追溯技术培训是每个质量安全追溯生产经营主体必须进行的一项工作，同时也是非常重要的一项工作。当执行追溯技术培训这项具体工作时，应有培训计划、培训通知、授课内容、听课人签到及其相关证明材料，同时，培训结束后应有相应的总结。

需要注意的是，因计划属于预先主观意识，执行属于客观行为，在执行过程中允许与计划有所出入、差别。俗话说“计划赶不上变化”，从唯物辩证观点出发，一切以实际为准，以达到预期目标为准。

（3）*检查* 相关工作结束后，需对执行效果与制度文件中确立的目标进行对比评估，分析不足、总结经验。例如，对追溯技术培训的培训人员相关操作的准确性及熟练性进行检查是否达到预期的效果。

（4）*改进* 除了规范追溯体系实施、促进追溯理念发展、推广经验外，更重要的是纠正具体实践中发现的问题以及改进制度制定、执行中的不足。例如，追溯技术培训后，若检查时发现培训效果欠佳，仍有部分人员对追溯相关技术不甚理解、应用不熟练，则仍需进行再次培训。即管理制度的建立是不断发现问题、改进问题的过程。改进不是一劳永逸的，需在后续的工作中循环进行制定、执行、检查和改进，直至达成既定目标。

农产品质量安全追溯制度首先要立足于自身的生产实际与需求，同时，还应结合相关部门发布的有关农产品质量安全追溯工作文件。为确保追溯工作的顺利开展，需要制定质量安全追溯工作规范、信息采集规范、信息系统维护和管理规范、质量安全问题处置规范等制度，以上制度构成了质量安全追溯的最基本制度。此外，还可以制订与制度相配套的工作方案等，如产品质量控制方案。

2. 质量追溯管理基本制度

（1）*产品质量安全追溯工作规范* 产品质量安全追溯工作规范是作为追溯工作的基本制度，其规范的对象是“追溯工作”，涉及质量安全追溯的所有工作，管理范畴无论在空间上、还是在时间上都更为宽泛。由于有其他3个制度，因此它的内容包括其他3个制度以外的所有内容，即质量安全追溯的组织机构、人员与职责；制度建设原则与程序；工作计划制订与实施；人员培训；追溯工作监督与自查，以及有关管理、操作、监督部门的职责等。同时，还应注意与其他具体制度性管理文件的相关关系。

（2）*信息采集规范及信息系统维护和管理规范* 该制度内容包括信息

采集点的设置；信息采集内容；传输方式；纸质信息和电子信息安全防护要求；上传时效性要求；专用设备领用、维护记录；系统运行维护；追溯码的组成、代码的含义；标签打印机的维护；标签打印使用记录；以及有关管理、操作、监督部门的职责等。例如，纸质记录的记录表格设计、记录规范、记录时限、交付电子录入人员时限；电子录入人员的纸质记录审核、软件的确定和应用、备份的设备要求、备份的时限、电子信息安全措施、电子信息上传时限。

（3）*质量安全问题处置规范*　该规范的制定需依据追溯产品的有关法律法规和标准，结合生产经营主体的实际情况。该规范内容应包括组织机构和应急程序、应急项目、控制措施、质量安全事件处置，以及有关管理、操作、监督部门的职责等。

为了验证处置规范的可行性，需作处置演练。演练的项目是依据产品标准所涉及的质量安全项目，如水果追溯产品演练的项目可以是农药残留、重金属等。

处置规范的对象应是产品标准规定项目。例如，绿色食品水果处置对象为重金属（涉及灌溉水水质、肥料质量）、农药残留（涉及农药购入、农药使用、安全间隔期）、水分（涉及加工工艺、干燥温度和时间、储藏湿度）等。

第四节　编码方法

一、种植环节

【标准原文】

5.1.1　产地编码

按 NY/T 1761 的规定执行。

【内容解读】

NY/T 1761《农产品质量安全追溯操作规程　通则》是中华人民共和国农业行业标准，该标准中“5.2.2.2 产地编码”规定编码方法按 NY/T 1430 规定执行。NY/T 1430—2007《农产品产地编码规则》标准中详细规定了农产品产地单元划分原则、产地编码规则、产地单元数据要求。

农产品产地单元指根据农业管理需要，按照一定原则划分的、边界清晰的多边形农产品生产区域。

产地单元划分应遵循以下原则：

法定基础原则：应基于法定的地形测量数据进行；

属地管理原则：产地单元的最大边界为行政村的边界，不应跨村分割；

地理布局原则：按照农产品产地中的沟渠、河流、湖泊、山丘、道路等地理布局进行划分；

相对稳定原则：宜保持相对稳定，不宜经常调整；

因地制宜原则：应根据不同地区的特点和发展要求进行划分。

农产品产地单元在时间和空间定义上应有唯一的编码。产地单元变更时，其源代码不应占用，变更后的农产品产地单元按照原有编码规则进行扩展。

NY/T 1430—2007《农产品产地编码规则》中规定：农产品产地代码由 20 位数字组成，农产品产地代码结构示例见图 2-11。

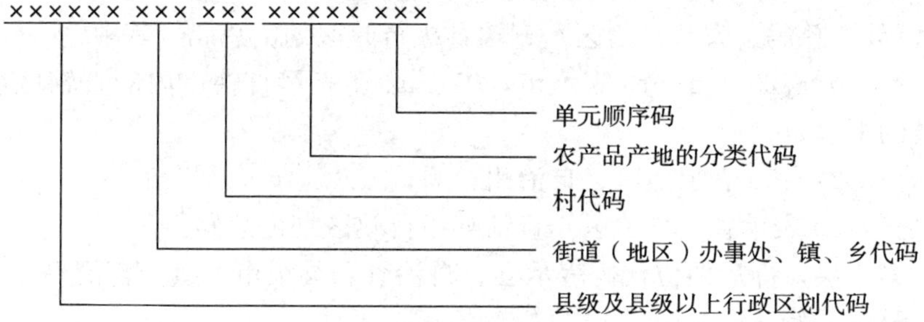

图 2-11 农产品产地代码结构示例

农产品产地编码宜采用十进位的数字码，应在信息采集规范、信息系统维护和管理规范中写明代码的含义，数字码便于信息化运行，不应采用字母码或汉字。其产地地块编码档案应与种植的作物种类相对应，其内容信息可以使用汉字，至少应包括种植区域、面积、产地环境等。

“全球贸易项目代码”应用标识符在 EAN · UCC 系统中以 AI（01）表示。EAN · UCC 系统是由国际物品编码协会（EAN）和美国统一代码委员会（UCC）共同开发、管理和维护的全球统一和通用的商业语言，为贸易产品与服务（即贸易项目）、物流单元、资产、位置以及特殊应用领域等提供全球唯一的标识。

【实际操作】

按照 NY/T 1430—2007《农产品产地编码规则》规定，农产品产地代码是由 20 位数字组成，分成 5 组数字，第 1 组 6 位数字是县级及县级以上行政区划代码，第 2 组 3 位数字是街道（地区）办事处、镇、乡代码，第 3 组 3 位数字是村代码，第 4 组 5 位数字是农产品产地的分类代码，第5组3位数字是单元顺序码。下面将对上述5组代码的编码规则进行详细说明。

1. 产地县级及县级以上行政区域代码包括数字代码和字母代码

（1）数字代码　按照GB/T 2260—2007《中华人民共和国行政区划代码》及第1号修改单规定，采用3层6位的层次码结构：每个层次有2位数字，按层次从左到右的顺次分别表示我国各省（自治区、直辖市、特别行政区）、市（地区、自治州、盟）、县（自治县、县级市、旗、自治旗、市辖区、林区、特区）。数字码码位结构从左至右的具体含义是：

第一层，即前两位代码表示省、自治区、直辖市、特别行政区（省、自治区、直辖市、特别行政区代码表见表2-3）；

第二层，即中间两位代码表示市、地区、自治州、盟、直辖市所辖市辖区/县汇总码、省（自治区）直辖县级行政区划汇总码，其中：

——01～20、51～70表示市，01、02还表示直辖市内的直辖区或直辖县的汇总码；

——21～50表示地区、自治州、盟；

——90表示省（自治区）直辖县级行政区划汇总码。

第三层，即后两位代码表示县、自治县、县级市、旗、自治旗、市辖区、林区、特区，其中：

——01～20、51～80表示市辖区、地区（自治州、盟）辖县级市、市辖特区以及省（自治区）直辖县级行政区划中的县级市，01一般不被市辖区使用；

——21～50表示县、自治县、旗、自治旗、林区；

——81～99表示省（自治区）辖县级市。

例如，黑龙江省佳木斯市桦南县对应的行政区划代码为230822。

（2）字母格式代码　按照GB/T 2260—2007《中华人民共和国行政区划代码》及其第1号修改单规定，行政区划字母码要遵循科学性、统一性、实用性的编码原则，参照县及县以上行政区划名称的罗马字母拼写，取相应的字母编制。具体操作如下：

——省、自治区、直辖市、特别行政区的字母码用两位大写字母表示；

——市、地区、自治州、盟、自治县、县级市、旗、自治旗、市辖区、林区、特区用3位大写字母表示。

行政区划名称的罗马字母拼写一般采用汉语地名的罗马字母拼写，但当行政区划名称以蒙古语、维吾尔语、藏语命名时，其行政区划名称的罗马字母拼写执行相应的民族语言音译转写规定；台湾地区和香港特别行政区、澳门特别行政区的罗马字母拼写遵循国家有关规定；当行政区划名称中含有民族名称时，该民族名称的罗马字母拼写执行 GB 3304—1991《中国各民族名称的罗马字母拼写法和代码》的规定执行，见表 2-3。

表 2-3 全国省级（省、自治区、直辖市、特别行政区）代码表

名称	罗马字母拼写	数字代码	字母代码
北京市	Beijing Shi	110000	BJ
天津市	Tianjin Shi	120000	TJ
河北省	Hebei Sheng	130000	HE
山西省	Shanxi Sheng	140000	SX
内蒙古自治区	Nei Mongol Zizhiqu	150000	NM
辽宁省	Liaoning Sheng	210000	LN
吉林省	Jilin Sheng	220000	JL
黑龙江省	Heilongjiang Sheng	230000	HL
上海市	Shanghai Shi	310000	SH
江苏省	Jiangsu Sheng	320000	JS
浙江省	Zhejiang Sheng	330000	ZJ
安徽省	Anhui Sheng	340000	AH
福建省	Fujian Sheng	350000	FJ
江西省	Jiangxi Sheng	360000	JX
山东省	Shandong Sheng	370000	SD
河南省	Henan Sheng	410000	HA
湖北省	Hubei Sheng	420000	HB
湖南省	Hunan Sheng	430000	HN
广东省	Guangdong Sheng	440000	GD
广西壮族自治区	Guangxi Zhuangzu Zizhiqu	450000	GX
海南省	Hainan Sheng	460000	HI
重庆市	Chongqing Shi	500000	HN
四川省	Sichuan Sheng	510000	SC
贵州省	Guizhou Sheng	520000	GZ
云南省	Yunnan Sheng	530000	YN

（续）

名称	罗马字母拼写	数字代码	字母代码
西藏自治区	Xizang Zizhiqu	540000	XZ
陕西省	Shaanxi Sheng	610000	SN
甘肃省	Gansu Sheng	620000	GS
青海省	Qinghai Sheng	630000	QH
宁夏回族自治区	Ningxia Huizu Zizhiqu	640000	NX
新疆维吾尔自治区	Xinjiang Uygur Zizhiqu	650000	XJ
台湾	Taiwan Sheng	710000	TW
香港特别行政区	Hongkong Tebiexingzhengqu	810000	HK
澳门特别行政区	Macau Tebiexingzhengqu	820000	MO

市级和县级的代码表以上海市所辖区县为例，上海市（310000 SH）代码表见表 2-4。

表 2-4　上海市（310000 SH）代码表

名称	罗马字母拼写	数字代码	字母代码
市辖区	Shixiaqu	310100	
黄浦区（新）	HuangpuXin Qu	310101	HGP
徐汇区	Xuhui Qu	310104	XHI
长宁区	Changning Qu	310105	CNQ
静安区（新）	JinganXin Qu	310106	JAQ
普陀区	Putuo Qu	310107	PTO
虹口区	Hongkou Qu	310109	HKQ
杨浦区	Yangpu Qu	310110	YPU
闵行区	Minhang Qu	310112	MHQ
宝山区	Baoshan Qu	310113	BSQ
嘉定区	Jiading Qu	310114	JDG
浦东新区	Pudong Xinqu	310115	PDX
金山区	Jinshan Qu	310116	JSH
松江区	Songjiang Qu	310117	SOJ

（续）

名称	罗马字母拼写	数字代码	字母代码
青浦区	QingpuQu	310118	QPU
奉贤区	Fengxian Qu	310120	FXQ
崇明区	Chongming Qu	310151	CMI

2. 种植基地县级以下行政区域代码

依据 GB/T 10114—2003《县级以下行政区划代码编制规则》标准规定，县级以下行政区域代码采用 2 层 9 位的层次码结构，县级以下行政区划代码见图 2-12。

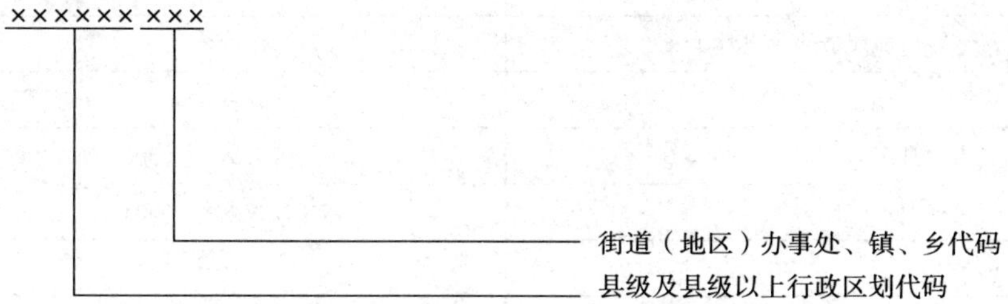

图 2-12 县级以下行政区域代码示例

注：1. 县级以下行政区划代码应按隶属关系和上述“001～399”代码所代表的区划类型，统一排序后进行编码；

2. 在编制县级以下行政区划代码时，当只表示县及县以上行政区划时，仍然采用 2 层 9 位的层次码结构，此时图 2-11 所示代码结构中的第 2 层应为 3 个数字 0，以保证代码长度的一致性。

第一层采用 GB/T 2260—2007《中华人民共和国行政区划代码》规定中的 6 位数字代码，代表县级及县级以上行政区划。第二层表示县级以下行政区划，由 3 位数字组成，具体划分为：001～099 表示街道（地区）；100～199 表示镇（民族镇）；200～399 表示乡、民族乡、苏木（苏木作为内蒙古自治区的基层行政区域单位，在本标准中按乡来对待）。

当 GB/T 2260—2007《中华人民共和国行政区划代码》中的代码发生变更时，县级以下行政区划代码所对应的第一段应做相应的改变。县级以下行政区划代码所表示的行政区划，在其专名或驻地改变时，其代码不变；而当其隶属关系或通名改变时，则须重新赋码。县级以下行政区划代码所表示的行政区划被撤销或重新赋码后，原代码作废，作废代码不得再赋予其他的行政区划，以保证代码的唯一性。县级以下行政区划代码表见表 2-5。

表 2-5　县级以下行政区划代码表

名称	代码
……	……
××市	××××00000
市辖区	××××01000
××区	××××××000
××街道（或地区）	××××××001
……	……
××镇（或民族镇）	××××××1××
……	……
××乡（或民族乡、苏木）	××××××2××
……	……
××市（县级）	××××××000
××街道	××××××001
……	……
××镇（或民族镇）	××××××1××
……	……
××乡（或民族乡、苏木）	××××××2××
……	……
××县	××××××000
××街道	××××××001
……	……
××镇（或民族镇）	××××××1××
……	……
××乡（或民族乡、苏木）	××××××2××
……	……

对于不属于行政区划范畴的政企合一单位（农场、林场等），当需要对其所在区域进行编码时，可参照 GB/T 10114—2003《县级以下行政区划代码编制规则》。第一层代表县级及县级以上行政区域代码，由 6 位数字组成；第二层表示农场、林场等，使用 001～399 以外的 3 位数字代码自行定义，建议在区间 901～990 按顺序自定义编码。具体信息可在 http：//www. mca. gov. cn/article/sj/（中华人民共和国民政部-民政数

据-行政区划代码）查询。例如，黑龙江省佳木斯市桦南县曙光农场的行政区划代码为：230822500。

3. 第3～5段代码

（1）村代码 由所属乡镇编订。具体代码可在 http：//www.mca.gov.cn/article/sj/（中华人民共和国民政部-民政数据-行政区划代码）查询。例如，黑龙江省佳木斯市桦南县明义乡团结村的行政区划代码为：230822214216。

（2）农产品产地的分类代码 农产品产地的分类代码，即农产品产地属性代码，参照GB/T 13923—2006《基础地理信息要素分类与代码》规定的农产品产地的分类与代码，代码见表2-6。

（3）单元顺序码 单元顺序码，由所属行政村编订。

表2-6 农产品产地属性代码

代码	名称
81030	经济作物地
82000	园地
82010	果园
31091	乡级以下居民地
31100	政企合一单位（农场、牧场等）

【标准原文】

5.1.2 地块编码

应对每个追溯地块编码。以种植时间、种植品种、生产措施相对一致的地理区域为一单位地块，按排列顺序编码，并建立编码地块档案。编码地块档案至少包括区域、面积、产地环境等信息。

【内容解读】

地块代码采用固定递增格式层次码，第1位和第2位代表管理区代码，第3位和第4位代表生产队代码，第5位至第7位代表地块顺序代码。类似前文图2-10介绍的农产品产地代码结构编码方式。在这7位代码段中，前两位代表管理区代码，如该国有农场共有10个管理区，则可将数字代码“01～10”分别表示10个管理区；中间两位代表“生产队代码”，如该国有农场某个管理区有5个生产队，则可将这5个生产队分别用数字代码“01～05”表示；后三位代表地块顺序代码，宜采用十进位数字模式按地块排列顺序编码。地块划分应以水果种植品种、地理位置、所属单位或种植户等特性相对一致的最大地理区域为同一编码。

【实际操作】

地块代码采用固定递增格式层次码，第 1 位和第 2 位代表管理区代码，第 3 位和第 4 位代表生产队代码，第 5 位至第 7 位代表地块顺序代码。

地块编码结构示例见图 2-13。

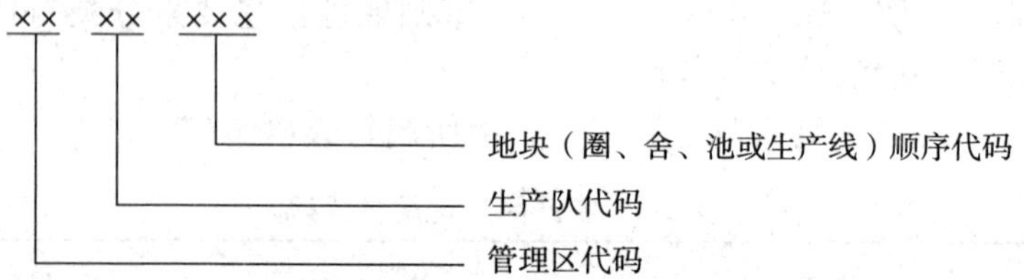

图 2-13　地块编码结构示例图

种植环节地块编码档案信息记录表见表 2-7。

表 2-7　地块编码档案信息记录表

区域	地块编号	种植面积	负责人

【标准原文】

5.1.3　种植者编码

生产、管理相对统一的种植户或种植组统称为种植者，应对种植者进行编码并建立种植者档案。种植者编码档案至少包括姓名（户名或组名）、种植区域、种植面积、种植品种等信息。

【内容解读】

对种植者进行编码，并建立种植者编码档案。编码档案至少应包含种植者姓名（户名或组名）、种植区域、种植面积、种植品种。种植者编码用数字按其居住位置或姓名罗马字母排列顺序编写；种植者姓名为二代身份证所示姓名；承担的种植地用数字或字母编码；种植数量应采用体现面积、品种的数字代码。

【实际操作】

种植者（户、组）编码档案信息记录表见表 2-8。

表 2-8 种植者（户、组）编码档案信息记录表

姓名或户名	组名	种植区域	种植面积	种植品种

【标准原文】

5.1.4 采摘批次编码

应对采摘批次进行编码，并建立采摘批次编码档案。采摘批次编码档案至少包括姓名（户名或组名）、采摘区域、采摘面积、采摘品种、采摘数量、采摘标准等信息。

【内容解读】

水果采摘时应按批次进行编码，并记录相关信息。当每天仅有一个采摘批次时，采摘批次代码可用采摘日期代码；当每天有多个采摘批次时，应对不同批次进行编码，采摘批次代码可由采摘日期加批次组成，批次代码为数字。采摘批次编码档案可使用汉字，其内容应至少包括姓名（户名或组名）、采摘区域、采摘面积、采摘品种、采摘数量、采摘标准等。

【实际操作】

采摘批次编码档案信息记录表见表 2-9。

表 2-9 采摘批次编码档案信息记录表

姓名（户名或组名）	采摘区域	采摘面积	采摘品种	采摘数量	采摘标准

二、采后处理环节

【标准原文】

5.2 采后处理环节

5.2.1 采后处理地点编码

应对采后处理地点进行编码，并建立采后处理批次编码档案。编码档案至少包括温度、卫生条件、地点等信息。

5.2.2 采后处理批次编码

应对采后处理批次进行编码，并建立采后处理批次编码档案。编码档案至少包括处理工艺、处理标准等信息。

5.2.3 包装批次编码

应对编制包装批次进行编码，并建立包装批次编码档案、编码档案至少包括产品等级、规格及检测结果等信息。

【内容解读】

1. 采后处理地点编码

对采后处理地点进行编码时，可采用数字编码。例如，少于10个处理地点，则用一位数字码表示；如果多于10个，则用两位数字码表示。采后处理地点编码档案可使用汉字，其内容应至少包括温度、卫生条件、地点等。

2. 采后处理批次编码

采后处理时，应按照批次编码，并记录相关信息。当每天仅有一个采后处理批次时，采后处理批次编码可用处理日期代码；当每天有多个处理批次时，应对不同批次进行编码，采后处理批次代码可由处理日期加批次组成，批次代码为数字。采后处理批次编码档案可使用汉字，其内容应至少包括处理工艺、处理标准等。

3. 包装批次编码

产品包装时，应对编制包装批次进行编码，并记录相关信息。当每天仅有一个包装批次时，包装批次代码可用包装日期代码；当每天有多个包装批次时，应对不同批次进行编码，包装批次代码可用包装日期加批次组成，批次代码为数字。包装批次编码档案可使用汉字，其内容应至少包括产品等级、规格及检测结果等。

【实际操作】

1. 追溯信息编码

追溯信息编码是将编码对象赋予具有一定规律（代码段的含义、代码位置排列的顺序、代码的含义、校验码的计算都作出具体规定）且易于计算机和人识别处理的符号。因此，农产品质量安全追溯信息编码的内容应包括代码表达的形式（数字或字母）、表示的方法（如校验码的计算）。

（1）追溯信息编码用途

①对编码对象进行标识。犹如“身份证”，这编码与对象组成一个唯一性的联系。

②对编码对象进行分类。对编码对象进行分类后，便可从编码上看出其属于哪一类。例如，水果生产经营主体属于种植还是加工，产地属于省级还是市级或县级。

③对编码对象进行识别。确定编码对象的性质，尤其是用于农产品质

量安全追溯。

因此，信息编码是实施质量安全追溯的重要前提。信息编码的成功与否直接关系到当前及今后的质量安全追溯。

（2）信息编码原则

①唯一性。一个代码仅表示一个对象，一个对象也只有一个代码。

②合理性。代码结构应与生产实践相适应。

③可扩充性。代码应留有适当的后备容量，以适应不断扩充的需要。常用数字 0 作为后备代码，其他数字都可定义含义。容量的大小取决于生产实践，如产品代码，现有 5 种产品，用 1～5 表示；若企业考虑将增加到数十种，则产品代码段为 2 位，现有产品代码用 01～05。

④简明性。代码结构应尽量简单，长度尽量短，尤其是预留位宜少不宜多，便于信息录入，减少差错率，减少计算机存储容量。

⑤适用性。代码尽可能反映编码对象的特征，如生产时间的代码取 6 位，分别用 2 位表示年、月、日，而不是 8 位（年用 4 位，月、日分别用 2 位）。有的代码没有实在含义。

⑥规范性。编码时应按统一规定进行编码。参与国际贸易的应用 EAN・UCC 系统，用于农产品质量安全追溯的按农业农村部规定的编码结构实施。

（3）信息编码形式 追溯信息编码是农产品质量安全追溯信息查询的唯一代码。当农业生产经营主体（组织或机构）完成生产时，必须同时完成农产品质量安全追溯信息编码。农产品质量安全追溯信息代码可由产业链中各工艺段的代码组合而最终形成；也可以无工艺段代码，形成最终追溯产品时一次形成。其形式由以下 3 种：

①采用 GB/T 16986—2018《商品代码 应用标识符》中 EAN・UCC 系统应用标识符。应用标识符是标识数据含义与格式的符号，如全球贸易项目代码用 AI（01）表示；格式 N2＋N14 表示标识符中有 2 位数字，即 01；代码有 14 位数字，由农业生产经营主体（组织或机构）自定；数据段名称为 GTIN（Global Trade Item Number 的简称，即全球贸易项目代码）。EAN・UCC 应用标识符的含义、格式及数据名称见表 2-10。

表 2-10 EAN・UCC 应用标识符的含义、格式及名称

AI	含义	格式	数据名称
01	全球贸易项目代码	N2＋N14	GTIN
10	批号	N2＋X…20	BATCH/LOT

注：N 为数字字符，X 为字母、数字字符。

②以批次编码作为追溯信息编码；

③生产经营主体自定义的追溯信息编码，如二维码。

2. 校验码的计算方法

校验码位于追溯码的最后一位，它的作用是检验追溯码中各个代码是否准确，即用各个代码的不同权数加和及与10的倍数相减，获得一位数字。农业生产经营主体自行完成或请编码公司完成的编码，都应将校验码计算的软件应用到标签打印机中。校验码的计算如下：

（1）*确定代码位置序号* 代码位置序号是包括校验码在内的，从右向左的顺序号。因此，校验码的序号为1。

（2）*计算校验码* 按以下步骤计算校验码：

①从代码位置序号2开始，所有偶数位数字代码求和；

②将以上偶数位数字代码的和乘以3；

③从代码位置序号3开始，所有奇数位数字代码求和；

④将偶数位数字代码和乘以3的乘积与奇数位数字代码和相加；

⑤用大于或等于④得出的相加数，且为10最小整数倍的数减去该相加数，即校验码数值。

表2-11给出计算的示例。

表2-11 校验码计算示例

计算步骤	举例说明													
从右向左顺序编号	位置序号	13	12	11	10	9	8	7	6	5	4	3	2	1
	代码	1	1	0	1	2	3	4	5	6	7	8	9	X
从序号2开始，所有偶数位数字代码求和	9+7+5+3+1+1=26													
偶数位数字代码的和乘以3	26×3=78													
从序号3开始，所有奇数位数字代码求和	8+6+4+2+0+1=21													
将偶数位数字代码和乘以3的乘积与奇数位数字代码和相加	78+21=99													
用大于或等于④得出的相加数，且为10最小整数倍的数减去该相加数，即校验码数值	100−99=1，即X=1													

3. 产品代码

产品代码是追溯码中重要组成部分，水果生产组织或机构的产品可多达几十种产品，可采用 2 位数字码。即使产品品种不满 10 个，为了考虑今后品种的增加，可设立 2 位数字码，个位数字是现行产品品种代码，十位数字为“0”，作为预留品种代码。

（1）产品代码编制原则

①唯一性原则。对同一商品项目的产品应给予相同的产品标识代码。基本特征（主要包括商品名称、商标、种类、规格、数量、包装类型等）相同的商品视为同一商品项目。对不同商品项目的产品应给予不同的产品标识代码。

②无含义性原则。产品代码中的每一位数字不表示任何与商品有关的特定信息。

③稳定性原则。产品代码一旦被分配，只要产品基本特征没变化，就应保持不变。

（2）水果代码

依据 GB/T 7635.1—2002《全国主要产品分类与代码 第 1 部分：可运输产品》，水果分类代码表见表 2-12。

表 2-12 水果分类代码表

代码	产品名称	说明
01	种植业产品	
013	水果和坚果	
0131	鲜或干的海枣、无花果、香蕉、椰子、巴西胡桃、腰果、菠萝、鳄梨、芒果、番石榴、倒捻子等水果和坚果或坚果仁	柑橘类、葡萄、果用瓜类及苹果、梨等其他水果除外
01311	鲜的海枣、无花果、香蕉、椰子、菠萝、鳄梨、芒果、番石榴、倒捻子等水果	
01311·011	鲜的海枣	
01311·012	鲜的无花果	
01311·013	鲜的香蕉	
01311·014	鲜的芭蕉	
01311·015	鲜的椰子	
01311·016	鲜的菠萝	
01311·017	鲜的芒果	
01311·018	鲜的鳄梨	又称油梨
01311·021	鲜的番石榴	

（续）

代码	产品名称	说明
01311·022	鲜的倒捻子	
01311·023	鲜的荔枝	
01311·024	鲜的龙眼	
01311·025	鲜的杨桃	
01311·026	鲜的菠萝蜜	
01311·027	鲜的火龙果	
01311·028	鲜的红毛丹	
01311·031	番荔枝	
01311·032	木瓜	包括光皮木瓜、毛时皱白木瓜、日本木瓜、西藏木瓜、豆青木瓜等；药用除外
0132	鲜或干的柑橘类水果	
01321	宽皮柑橘类	
01321·011	椪柑	又称芦柑
01321·012	红橘	又称福橘
01321·013	朱橘	又称朱红橘
01321·014	本地早蜜橘	又称天台山蜜橘
01321·015	早橘	又称黄岩蜜橘
01321·016	槾橘	
01321·017	南丰蜜橘	又称乳桔或金钱蜜橘
01321·018	茶枝柑	又称大红柑
01321·021	四会柑	又称四会贡柑
01321·022	温州蜜柑	又称温州蜜橘或无核蜜橘
01321·023	瓯柑	
01321·024	蕉柑	又称桶柑
01322	甜橙类	
01322·011	锦橙	
01322·012	先锋橙	
01322·013	新会橙	
01322·014	柳橙	
01322·015	雪柑	
01322·016	冰糖橙	

（续）

代码	产品名称	说明
01322·017	香水橙	
01322·018	桃叶橙	
01322·021	化州橙	
01322·022	茯苓夏橙	
01322·023	华盛顿脐橙	
01322·024	罗伯生脐橙	
01322·025	纽荷尔脐橙	
01322·026	清家脐橙	
01322·027	白柳脐橙	
01322·028	红玉血橙	
01322·031	塔罗科血橙	
01322·032	摩洛血橙	
01323	柚类	
01323·011	沙田柚	
01323·012	琯溪蜜柚	
01323·013	楚门文旦	又称玉环柚或楚门柚
01323·014	晚白柚	
01323·015	四季柚	
01323·016	梁山柚	
01323·017	常山胡柚	
01323·018	马叙葡萄柚	
01323·021	邓肯葡萄柚	
01323·022	红马旭葡萄柚	
01323·023	星路比葡萄柚	
01324	柠檬类	
01324·011	尤力克柠檬	
01324·012	里斯本柠檬	
01324·013	北京柠檬	又称香柠檬
0133	鲜葡萄	
01331	鲜食葡萄类	
01331·011	沙巴珍珠葡萄	
01331·012	巨峰葡萄	

（续）

代码	产品名称	说明
01331·013	新玫瑰葡萄	
01331·014	马奶葡萄	
01331·015	玫瑰香葡萄	
01331·016	龙眼葡萄	
01331·017	无核白葡萄	
01332	加工用葡萄类	
01332·011	意斯林葡萄	
01332·012	意比诺葡萄	
01332·013	白羽葡萄	
01332·014	白雅葡萄	
01332·015	北醇葡萄	
01332·016	白香蕉葡萄	
0134	其他鲜水果	
01341	甜瓜等果用瓜类	
01341·010～·099	甜瓜	
01341·011	薄皮甜瓜	又称普通甜瓜或中国甜瓜；包括白皮、黄皮、红皮、绿皮、黑皮甜瓜等
01341·012	厚皮甜瓜	包括光皮甜瓜和网纹甜瓜，如白兰瓜、哈密瓜等
01341·100～·199	西瓜	包括普通西瓜、籽用西瓜（打瓜）、无籽西瓜及用于腌制或育种的小西瓜等
01342	苹果、梨等	
01342·011	苹果	包括早、中、晚熟苹果等
01342·012	沙果	
01342·013	海棠果	
01342·014	梨	包括秋子梨、白梨、沙梨、洋梨类等
01342·015	桃	包括鲜食桃、加工用桃类等
01342·016	杏	包括鲜食杏、加工用杏；仁用杏除外，见代码01361·017

（续）

代码	产品名称	说明
01342·017	枣	包括鲜食枣、制干枣用枣、兼用枣、加工用枣类
01342·018	柿	包括涩柿、甜柿类等
01342·021	枇杷	包括草种枇杷、红种枇杷、白沙枇杷类等
01342·022	橄榄	又称青果；包括白榄、乌榄类等；药用除外
01342·023	山楂	
01342·024	李	
01342·025	梅	
01342·026	樱桃	
01342·027	猕猴桃	
01342·028	石榴	
01342·031	杨梅	
01342·032	金柑	指果实，又称金橘，包括罗浮、罗纹、金弹
01342·033	桑葚	
01349	其他类未包括的鲜水果	甘蔗入代码 0182
01349·011	草莓	
01349·012	黑豆果	

三、储运环节

【标准原文】

5.3 储运环节

5.3.1 储存设施编码

应对储存设施按照位置进行编码，并建立储存设施编码档案。编码档案至少包括位置、通风防潮状况、卫生条件等信息。

5.3.2 储存批次编码

应对储存批次进行编码，并建立储存批次编码档案。编码档案至少记录温度、湿度等信息。

5.3.3 运输设施编码

应对运输设施按照位置、牌号进行编码，并建立运输设施编码档案。

编码档案至少记录卫生条件、车辆类型、牌号等信息。

5.3.4　运输批次编码

应对运输批次编码，并建立运输批次编码档案。运输批次编码档案至少记录运输产品来自的存储设施、包装批次或逐件记录、运输起止地点、运输设施等。

【内容解读】

1. 储存设施编码

企业应对不同储存设施进行编码，储存设施可采用数字码，储存设施编码档案可使用汉字，其内容应至少包括位置、通风防潮状况、卫生条件等信息。例如，冷藏库设为 4 个分区，应按照分区位置进行编码。通风防潮状况应包括温湿度情况，且储藏温度及相对湿度应达到产品标准的要求。除此以外，还应记录储藏设施的责任人。

2. 储存批次编码

企业在储存产品时应对储存批次进行编码，并记录相关信息。当每天仅有一个储存批次时，储存批次代码可用包装日期代码；当每天有多个储存批次时，应对不同批次进行编码，储存批次代码可由储存日期和批次代码组成，批次代码为数字。储存批次编码档案可使用汉字，其内容应至少包括入库产品来自的运输批次或逐件记录。

3. 运输设施编码

企业应对不同运输设施进行编码，运输设施可以按照位置、牌号等信息采用数字码编码，运输设施编码档案可使用汉字，其内容应至少包括卫生条件、车辆类型、牌号等信息。

4. 运输批次编码

企业在运输产品时应对运输批次进行编码，并记录相关信息。当每天仅有一个运输批次时，运输批次代码可用运输日期代码；当每天有多个运输批次时，应对不同批次进行编码，运输批次代码可由运输日期加批次代码组成，批次代码为数字。运输批次编码档案可使用汉字，其内容应至少包括运输产品来自的存储设施、包装批次或逐件记录、运输起止地点、运输设施等。

四、销售环节

【标准原文】

5.4　销售环节

销售编码可用以下方式：

——企业编码的预留代码位加入销售代码，成为追溯码。

——在企业编码外标出销售代码。

【内容解读】

1. 企业编码的预留代码位加入销售代码

生产者编写销售代码时，可在完成生产后由水果生产经营主体的销售部门编写。可在NY/T 1761《农产品质量安全追溯操作规程 通则》提到的“国内贸易追溯码”5个代码段——农业生产经营者主体代码、产品代码、产地代码、批次代码、校验码中，将销售者代码编入“农业生产经营者主体代码”的预留代码位中，位于生产者之后。也就是说，农业生产经营者主体代码是由生产和销售两个主体组成。

销售代码采用数字码为宜。预留代码位数由销售者数量决定，预留1位可编入9个销售者，预留2位可编入99个销售者。销售代码可表示销售地区或销售者。若销售者为批发商，则销售代码可表示销售者；若销售者为相对固定的批发商或零售商（如生产企业的直销店），则销售代码可表示销售者。若销售者为相对不固定的零售商，则销售代码可表示销售地区。无论表示销售地区或销售者，都应在质量安全追溯工作规范中表明代码的销售地区或销售者具体名称，以规范工作实施可追溯，同时也可防止假冒。当销售代码含义改变，由原来销售地区或销售者改为另一个时，必须修改原质量安全追溯工作规范中的代码含义。修改销售代码含义不会影响可追溯，因有批次代码配合。

2. 在企业编码外标出销售代码

生产经营主体完成追溯码时，产品储存产品库待销。若临时合作的批发商或零售商提货时，则销售者可在追溯码外标注销售代码表示销售者，同时保留原追溯码反映生产者。

同样，生产企业应在销售记录中表明该货销售的去向信息以规范工作，同时也可防止假冒。

【实际操作】

1. 服务业代码

服务业代码可依据GB/T 7635.2—2002《全国主要产品分类与代码 第2部分：不可运输产品》，有关水果销售的服务业代码见表2-12。

表 2-12　服务业代码

代码	服务业
61121	水果和蔬菜的批发业服务
62121	非专卖店零售水果、蔬菜提供的服务
62221	专卖店零售水果和蔬菜提供的服务

当水果销售给某批发商，可在生产者的追溯码后另行附代码 61121。

2. 追溯码编码

销售编码是追溯码中最后需确定的代码，销售编码完成后通过校验码的软件计算确定校验码，整个追溯码即完成。追溯码可委托编码公司或农业生产经营者主体自行完成。

例如，上海市黄浦区某水果生产基地于 2018 年 11 月 23 日采摘的第 3 批次苹果。追溯码编码如下：

农业生产经营者主体代码：该生产基地代码为 1，销售代码为 01（预留 99 个销售商）。在农产品生产经营主体的质量安全追溯工作规范中应写明生产基地的代码、销售商的代码。从业者代码为 101。

产品代码：苹果为 01342011（见表 2-11）。

产地代码：上海市黄浦区为 310101（见表 2-4）。

批次代码：由生产日期和批次号组成，生产日期为 6 位数，即年份的后 2 位、月份和日的各 2 位组成，因此，生产日期为 181123。该厂每天生产批次不超过 9 个批次，批次仅用 1 位数字。因此，批次代码为 1811233。

校验码：以上代码依次为 101013420113101011811233，共 24 位，按表 2-10 校验码的计算方法，计算结果为 9。

因此，该追溯码为 1010134201131010118112339，共 25 位。

第五节　信息采集

一、产地信息

【标准原文】

6.1　产地信息

产地代码、产地环境监测情况（包括取样地点、时间、监测机构、监测结果等）、种植者档案等信息。

【内容解读】

农产品产地指植物、动物、微生物及其产品生产的相关区域。《中华人民共和国农产品质量安全法》和《农产品产地安全管理办法》对产地环境、投入品使用、生产记录等方面做了明确规定。

第二十四条 农产品生产企业和农民专业合作经济组织应当建立农产品生产记录，如实记载下列事项：

①使用农业投入品的名称、来源、用法、用量和使用、停用的日期；

②动物疫病、植物病虫草害的发生和防治情况；

③收获、屠宰或者捕捞的日期。

农产品生产记录应当保存二年。禁止伪造农产品生产记录。

国家鼓励其他农产品生产者建立农产品生产记录。

第二十五条 农产品生产者应当按照法律、行政法规和国务院农业行政主管部门的规定，合理使用农业投入品，严格执行农业投入品使用安全间隔期或者休药期的规定，防止危及农产品质量安全。

禁止在农产品生产过程中使用国家明令禁止使用的农业投入品。

1. 产地代码

产地代码可参考第四节第一部分内容中“产地编码”及其内容解读和实际操作的内容，编制全国统一的代码，也可自定义编制十进位数的数字码，列入追溯码中。

2. 种植者档案

种植者档案可参考第四节第一部分内容中“种植者编码”及其内容解读和实际操作的内容。

3. 产地环境监测

种植水果应选择生态适宜区，应远离工矿区和公路铁路干线，避开工业和城市污染的影响。生产基地应具备水果生产所必需的条件，选择水土保持良好、生态环境稳定、土层深厚、便于排灌、利于机械操作的地方建园。果园应合理设置防护林带，果园和加工厂附近避开养殖场。

产地环境监测信息包括以下影响水果产品质量安全的水质、土壤和大气的环境质量状况。

（1）水质 水质主要涉及农田灌溉水。灌溉水主要来源于地表水、地下水、生活饮用水等。灌溉水对水果质量安全影响的重要因素之一是食源性微生物。食源性微生物污染水果后，将对人类健康产生严重危害。

（2）土壤 土壤对水果产品质量安全影响的主要因素是重金属、持久性有机污染物、农兽药残留等，因此需要每年进行一次土壤质量安全监测。

（3）大气 大气环境质量对水果的影响主要来自汽车尾气和工矿企业的废气，其中的主要污染物包括铅、氟化物和其他有机污染物等。进行产地环境空气质量监测的地区，可根据当地生物生长期内的主导风向，重点监测可能对产地环境造成污染的下风向。

【实际操作】

追溯信息、信息采集点以及信息采集方式是解读后续内容的基础。因此，在解读信息采集之前，先对其进行释义。信息的规范、完整、真实、准确是保证质量安全追溯顺利进行的基本条件，信息记录以及电子信息录入的要求将在本节一一展开叙述。

1. 追溯信息

每项社会活动所需采集的信息依据于其所要达到的目的，农产品质量安全追溯的目的是产品的可追溯性，以便产品发生质量安全问题时，根据追溯信息确定问题来源、原因及责任主体。因此，它有独特的信息要求，而不同于普通的企业管理。追溯信息主要分为环节信息、责任信息和要素信息 3 种，生产经营主体在实施质量安全追溯前应先明确其要求。

（1）环节信息　所谓环节，指在农产品生产加工流通过程中农产品物态场所相对稳定、生产工艺条件相对固定、责任主体相对明确的组织，这是划分环节的原则，每个企业可以有所不同。水果生产企业的生产环节可以分为种植、加工、包装销售 3 个相互独立的生产环节。种植生产环节又可包括育苗、田间管理、采收 3 个单元；加工销售生产环节包括收购、加工、包装、出入库、销售 5 个单元。

环节信息在纸质记录上应确切写明环节及其上游单位的名称或代码（该代码应在管理文件中注明其含义）。例如，一个水果加工企业与 5 个种植户组签订水果收购协议，每个种植户组有 3 个种植区域，各种植户组的种植区域各自实施相同的种植模式，则该水果加工企业组成 5×3=15 个环节。编码某种植户组时，如第 2 个种植户组的第 3 个种植区域，电子信息代码可编码为 203。

在电子信息中，环节由一个或多个组件构成。以上所述 15 个环节，可组成 15 个组件。

（2）责任信息　责任信息指能界定质量安全问题发生原因以外的信息，即记录信息的时间、地点和责任人。纸质记录信息的时间应尽量接近于农事活动的时间且准确记录，这就要求农事活动结束后能够及时准确地记录；同时，纸质记录也应及时且准确地录入追溯系统。这样，电子信息反映的就是真实的农事活动。鉴于水果生产加工包装的特殊性，纸质记录最迟也应于产品销售前全部录入追溯系统。

地点是指记录地点。一般来说，记录地点与环节一致，而在纸质记录上被省略。

责任人指进行纸质信息记录的人员和电子信息的录入人员。在记录外购生产投入品时，应记录供应方的信息，以表示其责任。例如，外购农药应记录供应方的生产许可证号或批准文号（若进口农药，则为进口农药注册证号）、登记证号、产品批次号或生产日期。若生产经营主体购买没有生产许可证号的非法厂商生产农药且造成质量安全事故，则该厂商承担非法生产责任，生产经营主体承担购买非法产品的责任。登记证号是指该农药适用于何种植物，若登记作物为谷物，误用于水果且造成质量安全事故，则生产经营主体承担责任。产品批次号或生产日期是界定该农药是农药生产厂商生产的哪一批次或哪一天生产的，以便在由有资质的检验机构确定该批次或该天生产的农药有无质量问题，而不是让检验机构检验生产的全部农药产品。因此，生产许可证号或批准文号（若进口农药，则为进口农药注册证号）、登记证号、产品批次号或生产日期是外购农药的不可或缺的责任信息。

（3）*要素信息* 要素信息指国家法律法规要求强制记录的信息以及影响追溯产品质量安全的信息。现分述如下：

①国家法律法规要求强制记录的信息。依据国家有关规定确定要素信息。以农药为例，中华人民共和国国务院令第 677 号《农药管理条例》中规定，农产品生产企业、食品和食用农产品仓储企业、专业化病虫害防治服务组织和从事农产品生产的农民专业合作社等应当建立农药使用记录，如实记录使用农药的时间、地点、对象以及农药名称、用量、生产企业等。这些内容都影响到水果的农药残留问题。

②影响追溯产品质量安全的信息。依据国家有关规定确定要素信息。例如，使用农药，中华人民共和国国务院令第 677 号《农药管理条例》中规定，对于农药生产者，用于食用农产品的农药的标签还应当标注安全间隔期。农药使用者应当遵从安全间隔期收获水果，以免造成质量安全事故。

2. 信息采集点

（1）*合理设置信息采集点的方法*

①在质量安全追溯的各个环节上设置信息采集点。例如，水果种植环节的信息采集点包括田间管理，采摘，采后处理，仓储。水果加工销售环节的信息采集点包括水果包装、运输、销售 3 个信息采集点。

②依据追溯精度保留或合并多个信息采集点。例如，合作社有 3 个水果种植基地，每个种植基地有 5 个种植户组。当追溯精度为种植基地时，且各种植基地均按要求实施统一的种植模式，则设置 3 个信息采集点，再

加上农业资料管理部、水果采收，共5个信息采集点。若追溯精度为种植户组，则设置5个信息采集点，再加上农业资料管理部、水果采收，共7个信息采集点。

③若同一环节内的要素信息有不同责任主体，则除了以上环节信息采集点外，还应在环节中设置要素信息采集点。例如，合作社的种植环节中农药采购不是由种植户负责，由专门的农药采购部门负责，则应增加农药采购信息采集点。

④若某工艺段同时可设为环节信息采集点和要素信息采集点，则仅设一个信息采集点。

（2）设置信息采集点时需注意点

①与质量安全无关的工艺段，不设信息采集点。例如，水果种植过程中的减枝环节，只影响水果的产量，而并不影响产品标准规定的质量。由此可见，质量安全追溯不同于“全面质量管理”（TQC）。

②一台计算机可用于若干信息采集点。多个信息采集点的纸质记录，利用一台计算机进行录入。则计算机数量可以少于信息采集点数量。

③信息采集点不应多设，也不应漏设。多设会使信息采集烦琐，漏设会使信息缺失、断链乃至质量追溯无法进行。

④同一质量安全项可发生在数个工艺段上，应设数个信息采集点。例如，水果中重金属可发生在种植、包装、运输3个工艺段，这3个工艺段都应设置信息采集点，以便追溯责任主体。

3. 信息采集方式

（1）纸质记录　企业设计的纸质记录应为表格形式，便于内容规范，易于录入计算机等电子信息采集设备。该表格的形式应符合GB/T 1.1—2009《标准化工作导则　第1部分：标准的结构和编写》中规定，应具有表题、表头，所列内容齐全。

（2）电子记录　采用计算机或移动数据终端等采集信息，该信息通过局域网或移动数据终端传输。但应设备份，以免信息丢失或篡改；还应打印成纸质，责任人签字后备案。

4. 信息记录

（1）纸质记录要求

①真实、全面。记录内容与生产活动一致，不应不记、少记、乱记农事活动及投入品使用情况；记录人真实，由实际当事人记录并签名，不同部门的记录人不可代签名；记录时间真实，形成内容时及时记录，不应事后追记；记录所有应该记录的信息，包括上述的环节信息、责任信息和要素信息；记录能与上一环节唯一性对接的信息，以实施可追溯。例如，农

药使用记录表应有农药通用名、生产厂商、批次号（或生产日期）。这3项内容可与农药购买记录表上的农药通用名、生产厂商、批次号（或生产日期）唯一性对接，追溯时不至于追溯到其他农药、其他生产厂商生产的同名农药、同一生产厂商生产同名但不同批次的农药，保证质量安全追溯的顺利进行。否则，会造成质量安全追溯的中断或不能达到预想的效果。

②规范、及时。首先是表题确切，每个表都应有一个表题，标明表的主题，如“农药使用信息表”。加入时间和环节信息则更好，如“2018年第1种植户组农药使用信息表”，便于归档（以免烦琐地在表内或表下重复写入时间和环节信息）。

其次，表头包含全部信息项目。各项内容不重复、不遗漏；信息项目包括环节信息，生产链始端的环节（如农药使用记录）应符合追溯精度（如地块或种植户组），生产链终端的环节（如销售记录）应符合追溯深度（如销售商或批发商）；每个环节信息应包含上游环节（可用名称或代码）的部分信息（通用名、生产商名称、产品批次号），可唯一性地追溯到上游（农药库或供应商），否则无法实施可追溯。要素信息，如工艺条件、投入品、检验结果等。责任信息，如时间、地点、责任人。环节信息和时间信息的年份可列于表题，表头仅涉及日期，对于数天才完成的农事，应列出时间的起始。责任人可列于表头或表下。

再次，表头项目所有量值单位应是法定计量单位。单位应具体，同一项目的单位应一致，如亩、千克。

③记录清晰、持久。用不褪色笔，字迹清晰，每栏需记（若无内容，记“无”），用杠改法修改（用单线或双线划在原记内容上，且能显示原内容，修改人盖章以示负责）。这样的记录使任何人无法篡改，只有记录人负责。

④上传追溯码前应具备所有纸质和电子记录。

⑤追溯产品投放市场前应具备所有纸质和电子记录。

（2）电子记录录入

①录入及时性。信息录入人员收到纸质记录后，应及时录入计算机，确保产品上市前信息录入完毕。

②录入准确性。一是准确地将纸质记录录入计算机等电子信息录入设备，因此电子信息应与纸质信息一致；二是若录入人员发现纸质信息有误，应通知纸质记录人员按杠改法修改，计算机操作人员无权修改纸质记录。

（3）原始记录档案保存

①原始记录应及时归档，装订成册，每册有目录，查找方便。

②原始档案应有固定场所保存，有防止档案损坏、遗失的措施。

5. 灌溉水水质监测及其记录信息

（1）水质质量监测

①生活饮用水，即供居民的自来水，不需环境监测。

②生活饮用水水源，如政府管理的水库，不需环境监测。

③深井水，即供水层为土层下的基岩，且井壁密封。深井水的水量常年稳定；水质稳定、不受地表水和土层渗水影响。能够提供地质地矿等相关部门出具的深井水证明材料时，不需环境监测。

④浅井水，即供水层为土层。浅井水的水量不稳定，丰水期（7、8月份为典型）水位上升，枯水期（1、2月份为典型）水位下降；水质不稳定，受地表水和土层渗水影响。需每年丰水期及枯水期各做一次环境监测，监测项目为上述的重金属和农药。

⑤地表水，包括河、溪、湖以及非生活饮用水水源的水库等。需每年丰水期及枯水期各做一次环境监测，监测项目为上述的重金属和农药。

（2）水质监测信息

①普通食品和有机产品水质监测项目。应执行 GB 5084—2005《农田灌溉水质标准》，不应执行 GB 3838—2002《地表水环境质量标准》和 GB/T 14848—2017《地下水质量标准》；只要达到 GB 5084—2005《农田灌溉水质标准》要求的，不管应用地面水或地下水均可以。农田灌溉用水水质基本控制项目标准值见表 2-14、农田灌溉用水水质选择性控制项目标准值见表 2-15。

表 2-14 农田灌溉用水水质基本控制项目标准值

序号	项目类别	作物种类
		旱作
1	五日生化需氧量（mg/L）	≤100
2	化学需氧量（mg/L）	≤200
3	悬浮物（mg/L）	≤100
4	阴离子表面活性剂（mg/L）	≤8
5	水温（℃）	≤35
6	pH	5.5～8.5
7	全盐量（mg/L）	1 000[a]（非盐碱土地区），2 000[a]（盐碱土地区）
8	氯化物（mg/L）	≤350
9	硫化物（mg/L）	≤1
10	总汞（mg/L）	≤0.001

（续）

序号	项目类别	作物种类
		旱作
11	镉（mg/L）	≤0.01
12	总砷（mg/L）	≤0.1
13	铬（六价）（mg/L）	≤0.1
14	铅（mg/L）	≤0.2
15	粪大肠菌群数（个/100mL）	≤4 000
16	蛔虫卵（个/L）	≤2

[a]具有一定的水利灌排设施，能保证一定的排水和地下水径流条件的地区，或有一定淡水资源能满足冲洗土体中盐分的地区，农田灌溉水质全盐量指标可适当放宽。

表 2-15　农田灌溉用水水质选择性控制项目标准值

序号	项目类别	作物种类
		旱作
1	铜（mg/L）	≤1
2	锌（mg/L）	≤2
3	硒（mg/L）	≤0.02
4	氟化物（mg/L）	≤2（一般地区），≤3（高氟区）
5	氰化物（mg/L）	≤0.5
6	石油类（mg/L）	≤10
7	挥发酚（mg/L）	≤1
8	苯（mg/L）	≤2.5
9	三氯乙醛（mg/L）	≤0.5
10	丙烯醛（mg/L）	≤0.5
11	硼（mg/L）	≤1（对硼敏感作物），≤2（对硼耐受性较强的作物），≤3（对硼耐受性强的作物）

②绿色食品水质监测项目。应执行 NY/T 391—2013《绿色食品　产地环境质量》，该标准中规定了农田灌溉水质要求，农田灌溉水质要求见表 2-16。

表 2-16　农田灌溉水质要求

项目	指标
pH	5.5～8.5
总汞（mg/L）	≤0.001

（续）

项目	指标
总镉（mg/L）	≤0.005
总砷（mg/L）	≤0.05
总铅（mg/L）	≤0.1
六价铬（mg/L）	≤0.1
氟化物（mg/L）	≤2.0
化学需氧量（CODcr）（mg/L）	≤60
石油类（mg/L）	≤1.0

③水质监测结果信息记录。监测结果需要记录的信息包括水源类型、取样的地点、时间、监测机构、监测结果等信息，灌溉用水水质监测信息表见表 2-17。

表 2-17　水质监测结果信息记录表

序号	水源类型	监测机构	监测时间	监测地点	监测结果（mg/L）				记录日期	记录人
					项目 1	项目 2	项目 3	…		

6. 土壤环境监测及其记录信息

（1）土壤质量监测

①普通农产品和有机农产品土壤监测项目。普通农产品和有机农产品土壤监测执行 GB 15618—2018《土壤环境质量　农用地土壤污染风险管控标准（试行）》。其中，规定农用地土壤污染风险筛选值的基本项目为必测项目，包括镉、汞、砷、铅、铬、铜、镍、锌，农用地土壤污染风险筛选值（基本项目）见表 2-18。农用地土壤污染风险筛选值（其他项目）见表 2-19。农用地土壤污染风险管制值见表 2-20。

表 2-18　农用地土壤污染风险筛选值（基本项目）

单位：mg/kg

序号	污染物项目[a]		风险筛选值			
			pH≤5.5	5.5<pH≤6.5	6.5<pH≤7.5	pH>7.5
1	镉	其他	0.3	0.3	0.3	0.6
2	汞	其他	1.3	1.8	2.4	3.4
3	砷	其他	40	40	30	25
4	铅	其他	70	90	120	170
5	铬	其他	150	150	200	250

（续）

序号	污染物项目[a]		风险筛选值			
			pH≤5.5	5.5<pH≤6.5	6.5<pH≤7.5	pH>7.5
6	铜	果园	150	150	200	200
		其他	50	50	100	100
7	镍		60	70	100	190
8	锌		200	200	250	300

[a] 重金属和类金属砷均按元素总量计。

表 2-19 农用地土壤污染风险筛选值（其他项目）

单位：mg/kg

序号	污染物项目	风险筛选值
1	六六六总量[a]	0.10
2	滴滴涕总量[b]	0.10
3	苯并［a］芘	0.55

[a] 六六六总量为α-六六六、β-六六六、γ-六六六、δ-六六六 4 种异构体的含量总和。

[b] 滴滴涕总量为 p，p′-滴滴伊、p，p′-滴滴滴、o，p′-滴滴涕、p，p′-滴滴涕 4 种衍生物的含量总和。

表 2-20 农用地土壤污染风险管制值

单位：mg/kg

序号	污染物项目	风险筛选值			
		pH≤5.5	5.5<pH≤6.5	6.5<pH≤7.5	pH>7.5
1	镉	1.5	2.0	3.0	4.0
2	汞	2.0	2.5	4.0	6.0
3	砷	200	150	120	100
4	铅	400	500	700	1 000
5	铬	800	850	1 000	1 300

农用地土壤污染风险筛选值和管制值的使用：

当土壤中污染物含量等于或者低于表 2-18 和表 2-19 规定的风险筛选值时，农用地土壤污染风险低，一般情况下可以忽略；高于表 2-18 和表 2-19 规定的风险筛选值时，可能存在农用地土壤污染风险，应加强土壤环境监测和农产品协同监测。

当土壤中镉、汞、砷、铅、铬的含量高于表 2-16 规定的风险筛选值、等于或者低于表 2-18 规定的风险管制值时，可能存在食用农产品不符合质量安全标准等土壤污染风险，原则上应当采取农艺调控、替代种植等安全利用措施。

当土壤中镉、汞、砷、铅、铬的含量高于表 2-20 规定的风险管制值时，食用农产品不符合质量安全标准等农用地土壤污染风险高，且难以通过安全利用措施降低食用农产品不符合质量安全标准等农用地土壤污染风险，原则上应当采取禁止种植食用农产品、退耕还林等严格管控措施。

②绿色食品土壤监测项目。绿色食品土壤监测应执行 NY/T 391—2013《绿色食品　产地环境质量》，该标准中规定了土壤质量要求，土壤质量要求见表 2-21。

表 2-21　土壤质量要求

项目	旱田			检测方法
	pH<6.5	6.5≤pH≤7.5	pH>7.5	NY/T 1377
总镉（mg/kg）	≤0.30	≤0.30	≤0.40	GB/T 17141
总汞（mg/kg）	≤0.25	≤0.30	≤0.35	GB/T 22105.1
总砷（mg/kg）	≤25	≤20	≤20	GB/T 22105.2
总铅（mg/kg）	≤50	≤50	≤50	GB/T 17141
总铬（mg/kg）	≤120	≤120	≤120	HJ 491
总铜（mg/kg）	≤50	≤60	≤60	HJ 491

（2）土壤环境监测信息　监测信息主要记录取样的地点、时间、监测机构、监测结果等信息。土壤监测信息记录表见表 2-22。

表 2-22　土壤监测信息表

序号	监测机构	监测时间	监测地点	监测结果（mg/kg）				记录日期	记录人
				项目 1	项目 2	项目 3	……		

7. 空气环境监测及其信息记录

（1）空气质量监测

①普通农产品和有机产品生产基地空气质量监测。生产基地环境空气质量应满足 GB 3095—2012《环境空气质量标准》二级标准。环境空气污染物基本项目浓度限值见表 2-23，环境空气污染物其他项目浓度限值见表 2-24。

表 2-23 环境空气污染物基本项目浓度限值

序号	污染物项目	平均时间	浓度限值		单位
			一级	二级	
1	二氧化硫（SO_2）	年平均	20	60	μg/m^3
		24h 平均	50	150	
		1h 平均	150	500	
2	二氧化氮（NO_2）	年平均	40	40	
		24h 平均	80	80	
		1h 平均	200	200	
3	一氧化碳（CO）	24h 平均	4	4	mg/m^3
		1h 平均	10	10	
4	臭氧（O_3）	日最大 8h 平均	100	160	μg/m^3
		1h 平均	160	200	
5	颗粒物（粒径小于等于 10μm）	年平均	40	70	
		24h 平均	50	150	
6	颗粒物（粒径小于等于 2.5μm）	年平均	15	35	
		24h 平均	35	75	

表 2-24 环境空气污染物其他项目浓度限值

序号	污染物项目	平均时间	浓度限值		单位
			一级	二级	
1	总悬浮颗粒物（TSP）	年平均	80	200	μg/m^3
		24h 平均	120	300	
2	氮氧化物（NO_x）	年平均	50	50	
		24h 平均	100	100	
		1h 平均	250	250	
3	铅（Pb）	年平均	0.5	0.5	
		季平均	1	1	
4	苯并［a］芘（BaP）	年平均	0.001	0.001	
		24h 平均	0.002 5	0.002 5	

②绿色食品生产基地空气质量监测。NY/T 1054－2013《绿色食品 产地环境调查、监测与评价规范》中规定产地周围 5km、主导风向

的上风向20km内无工矿污染源的种植业区可以免测大气质量。需要测空气质量时，生产基地环境空气质量应满足NY/T 391—2013《绿色食品 产地环境质量》，该标准中规定了空气质量要求，空气质量要求（标准状态）见表2-25。

表2-25 空气质量要求（标准状态）

项目	指标		检测方法
	日平均[a]	1h[b]	
总悬浮颗粒物（mg/m^3）	≤0.30	—	GB/T 15432
二氧化硫（mg/m^3）	≤0.15	≤0.50	HJ 482
二氧化氮（mg/m^3）	≤0.08	≤0.20	HJ 479
氟化物（$\mu g/m^3$）	≤7	≤20	HJ 480

[a] 日平均指任何一日的平均指标。

[b] 1h指任何一小时的指标。

（2）空气环境监测信息　监测结果主要记录取样的地点、时间、监测机构、监测结果等信息。空气监测结果信息记录表见表2-26。

表2-26 空气环境监测信息表

序号	监测机构	监测时间	监测地点	监测结果				记录日期	记录人
				项目1	项目2	项目3	……		

二、生产信息

【标准原文】

6.2　生产信息

种苗、农业投入品的品名、来源、使用和管理；采摘信息，包括采摘人员、采摘时间、采摘数量、预冷等信息。

【内容解读】

1. 种苗

水果种苗通常可分为嫁接苗和组培苗。无论是组培苗还是嫁接苗，所购买的苗木都应该携带产地检疫证和质量检验合格证，若属于无病毒苗，还应附有资质检测机构的证明，并挂牌标示。嫁接苗标签要注明砧木和接穗的品种、等级、数量、育苗单位、合格证号等。组培苗标签要注明类型

（瓶苗或袋装苗）、品种、检验证书编号、等级、数量（株数）、育苗单位、出厂（圃）日期。无病毒苗要挂系母本树质量合格证标签和苗木标签。母本树质量合格证标签由国家或省（直辖市）果树主管部门指定的病毒检测管理机构监制和签发，有效期5年；内容包括品种名称、砧木类型、鉴定证书编号、母本树来源、检测单位、检测时间、母本树培育单位。无病毒苗木标签，由国家指定的病毒检测机构监制，当地果树管理机构签发；内容包括品名、品种、砧木、等级、株数、生产单位及其地址、签发单位、签发日期。

2. 农业投入品的品名、来源、使用和管理

《农药管理条例》第三十四条规定，农药使用者应当严格按照农药的标签标注的使用范围、使用方法和剂量、使用技术要求和注意事项使用农药，不得扩大使用范围、加大用药剂量或者改变使用方法。第三十六条规定，农产品生产企业、食品和食用农产品仓储企业、专业化病虫害防治服务组织和从事农产品生产的农民专业合作社等应当建立农药使用记录，如实记录使用农药的时间、地点、对象以及农药名称、用量、生产企业等。农药使用记录应当保存2年以上。

水果生产经营主体宜建立农药、肥料等投入品管理制度，严格管理，记录其购买、使用等相关信息。

3. 采摘信息

生产经营主体应记录采摘人员的姓名、采摘时间、采摘数量、预冷等信息。

【实际操作】

1. 农药使用要求

农药用来预防或者控制危害农业、林业的病、虫、草、鼠和其他有害生物，以及有目的地调节植物、昆虫生长。农药是化学合成或者来源于生物、其他天然物质的一种物质或者几种物质的混合物及其制剂。农药广泛存在于环境中，可以通过扩散、残留、富集作用进入农产品体内，因此需要记录农药的来源及使用情况。

农药按来源分类可分为有机合成农药（有机氯、有机磷、氨基甲酸酯、拟除虫菊酯等）、生物源农药（微生物源农药、动物源农药和植物源农药，如杀虫剂苏云金杆菌、杀菌剂农用抗生素制剂井冈霉素）和矿物源农药（硫制剂、铜制剂和矿物油乳剂等）；按用途分可分为杀虫剂、杀螨剂、除草剂、杀菌剂、植物生长调节剂、杀鼠剂、杀线虫剂和杀螺剂等。

（1）农药使用原则　农药使用应合理安全，遵循以下原则：

①不使用禁用农药。

②用药少、效果好。避免盲目使用、超范围使用、超剂量使用。应预防为主，治理为辅，科学用药。

③避免和延缓虫菌产生抗药性，可多种农药混合使用，以避免单一农药不合理的多次重复使用。

④收获离使用时间应不少于安全间隔期（最后一次用药距收获的天数）。安全间隔期取决于农药品种、有效成分含量、剂型、稀释倍数、用药量、用药方式等，少则 1d，多则 45d。应参照 GB 8321《农药合理使用准则》及其他有关规定。

⑤对植物无药害，对人畜禽和有益生物安全，减少环境污染；应注重科学用药方式和人畜禽防护。

（2）农药采购规定　根据国务院 2017 年第 677 号令《农药管理条例》规定：农药经营者采购农药应当查验产品包装、标签、产品质量检验合格证以及有关许可证明文件，不得向未取得农药生产许可证的农药生产企业或者未取得农药经营许可证的其他农药经营者采购农药。

（3）农药使用规定和标准　根据 GB/T 8321《农药合理使用准则》系列标准，确定使用的剂型、含量、适用作物、防治对象、使用量或稀释倍数、用药方式、使用次数、安全间隔期。不按此使用，由使用者承担责任。

国家明令禁止在农业上使用的农药有六六六、滴滴涕、毒杀芬、二溴氯丙烷、杀虫脒、二溴乙烷、除草醚、艾氏剂、狄氏剂、汞制剂、砷类、铅类、敌枯双、氟乙酰胺、甘氟、毒鼠强、氟乙酸钠、毒鼠硅、甲胺磷、对硫磷、甲基对硫磷、久效磷、磷胺、苯线磷、地虫硫磷、甲基硫环磷、磷化钙、磷化镁、磷化锌、硫线磷、蝇毒磷、治螟磷、特丁硫磷、氯磺隆、胺苯磺隆、甲磺隆、福美胂、福美甲胂、三氯杀螨醇、林丹、硫丹、溴甲烷、氟虫胺、杀扑磷、百草枯、2,4-滴丁酯。其中，氟虫胺自 2020 年 1 月 1 日起禁止使用；百草枯可溶胶剂自 2020 年 9 月 26 日起禁止使用；2,4-滴丁酯自 2023 年 1 月 29 日起禁止使用；溴甲烷可用于“检疫熏蒸处理”；杀扑磷已无制剂登记。另外甲拌磷、甲基异柳磷、克百威、水胺硫磷、氧乐果、灭多威、涕灭威、灭线磷、内吸磷、硫环磷、氯唑磷、乙酰甲胺磷、丁硫克百威、乐果禁止在水果上使用。

对认证为绿色食品的水果产品，允许使用的农药和其他植保产品（生产和仓储需要的植保产品）清单见表 2-27 和表 2-28。

表 2-27　AA 级和 A 级绿色食品生产均允许使用的农药和其他植保产品清单

类别	组分名称	备注
Ⅰ. 植物和动物来源	楝素（苦楝、印楝等提取物，如印楝素等）	杀虫
	天然除虫菊素（除虫菊科植物提取液）	杀虫
	苦参碱及氧化苦参碱（苦参等提取物）	杀虫
	蛇床子素（蛇床子提取物）	杀虫、杀菌
	小檗碱（黄连、黄柏等提取物）	杀菌
	大黄素甲醚（大黄、虎杖等提取物）	杀菌
	乙蒜素（大蒜提取物）	杀菌
	苦皮藤素（苦皮藤提取物）	杀虫
	藜芦碱（百合科藜芦属和喷嚏草属植物提取物）	杀虫
	桉油精（桉树叶提取物）	杀虫
	植物油（如薄荷油、松树油、香草油、八角茴香油）	杀虫、杀螨、杀真菌、抑制发芽
	寡聚糖（甲壳素）	杀菌、植物生长调节
	天然诱集和杀线虫剂（如万寿菊、孔雀草、芥子油）	杀线虫
	天然酸（如食醋、木醋和竹醋等）	杀菌
	菇类蛋白多糖（菇类提取物）	杀菌
	水解蛋白质	引诱
	蜂蜡	保护嫁接和修剪伤口
	明胶	杀虫
	具有驱避作用的植物提取物（大蒜、薄荷、辣椒、花椒、薰衣草、柴胡、艾草的提取物）	驱避
	害虫天敌（如寄生蜂、瓢虫、草蛉等）	控制虫害
Ⅱ. 微生物来源	真菌及真菌提取物（白僵菌、轮枝菌、木霉菌、耳霉菌、淡紫拟青霉、金龟子绿僵菌、寡雄腐霉菌）	杀虫、杀菌、杀线虫
	细菌及细菌提取物（苏云金芽孢杆菌、枯草芽孢杆菌、蜡质芽孢杆菌、地衣芽孢杆菌、多黏类芽孢杆菌、荧光假单胞杆菌、短稳杆菌等）	杀虫、杀菌
	病毒及病毒提取物（核型多角体病毒、质型多角体病毒、颗粒体病毒等）	杀虫
	多杀霉素、乙基多杀霉素	杀虫
	春雷霉素、多抗霉素、井冈霉素、（硫酸）链霉素、嘧啶核苷类抗菌素、宁南霉素、申嗪霉素和中生菌素	杀菌
	S-诱抗素	植物生长调节剂

（续）

类别	组分名称	备注
Ⅲ. 生物化学产品	氨基寡糖素、低聚糖素、香菇多糖	防病
	几丁聚糖	防病、植物生长调节
	苄氨基嘌呤、超敏蛋白、赤霉素、羟烯腺嘌呤、三十烷醇、乙烯利、吲哚丁酸、吲哚乙酸、芸薹素内酯	植物生长调节
Ⅳ. 矿物来源	石硫合剂	杀菌、杀虫、杀螨
	铜盐（如波尔多液、氢氧化铜等）	杀菌，每年铜使用量不能超过 6kg/hm^2
	氢氧化钙（石灰水）	杀菌、杀虫
	硫黄	杀菌、杀螨、驱避
	高锰酸钾	杀菌，仅用于果树
	碳酸氢钾	杀菌
	矿物油	杀虫、杀螨、杀菌
	氯化钙	仅用于治疗缺钙症
	硅藻土	杀虫
	黏土（如斑脱土、珍珠岩、蛭石、沸石等）	杀虫
	硅酸盐（硅酸钠、石英）	驱避
	硫酸铁（3 价铁离子）	杀软体动物
Ⅴ. 其他	氢氧化钙	杀菌
	二氧化碳	杀虫，用于储存设施
	过氧化物类和含氯类消毒剂（如过氧乙酸、二氧化氯、二氯异氰尿酸钠、三氯异氰尿酸等）	杀菌，用于土壤和培养基质消毒
	乙醇	杀菌
	海盐和盐水	杀菌，仅用于种子（如稻谷等）处理
	软皂（钾肥皂）	杀虫
	乙烯	催熟等
	石英砂	杀菌、杀螨、驱避
	昆虫性外激素	引诱，仅用于诱捕器和散发皿内
	磷酸氢二铵	引诱，只限用于诱捕器中使用

注：1. 该清单每年都可能根据新的评估结果发布修改单。

2. 国家新禁用的农药自动从该清单中删除。

表 2-28 A 级绿色食品生产允许使用的其他农药清单

组分名称	备注
S-氰戊菊酯	杀虫剂
吡丙醚	杀虫剂
吡虫啉	杀虫剂
吡蚜酮	杀虫剂
丙溴磷	杀虫剂
除虫脲	杀虫剂
啶虫脒	杀虫剂
毒死蜱	杀虫剂
氟虫脲	杀虫剂
氟啶虫酰胺	杀虫剂
氟铃脲	杀虫剂
高效氯氰菊酯	杀虫剂
甲氨基阿维菌素苯甲酸盐	杀虫剂
甲氰菊酯	杀虫剂
抗蚜威	杀虫剂
联苯菊酯	杀虫剂
螺虫乙酯	杀虫剂
氯虫苯甲酰胺	杀虫剂
氯氟氰菊酯	杀虫剂
氯菊酯	杀虫剂
氯氰菊酯	杀虫剂
灭蝇胺	杀虫剂
灭幼脲	杀虫剂
噻虫啉	杀虫剂
噻虫嗪	杀虫剂
噻嗪酮	杀虫剂
辛硫磷	杀虫剂
茚虫威	杀虫剂
苯丁锡	杀菌剂
喹螨醚	杀菌剂
联苯肼酯	杀菌剂
螺螨酯	杀菌剂

（续）

组分名称	备注
噻螨酮	杀菌剂
四螨嗪	杀菌剂
乙螨唑	杀菌剂
唑螨酯	杀菌剂
四聚乙醛	杀软体动物剂
吡唑醚菌酯	杀菌剂
丙环唑	杀菌剂
代森联	杀菌剂
代森锰锌	杀菌剂
代森锌	杀菌剂
啶酰菌胺	杀菌剂
啶氧菌酯	杀菌剂
多菌灵	杀菌剂
噁霉灵	杀菌剂
噁霜灵	杀菌剂
粉唑醇	杀菌剂
氟吡菌胺	杀菌剂
氟啶胺	杀菌剂
氟环唑	杀菌剂
氟菌唑	杀菌剂
腐霉利	杀菌剂
咯菌腈	杀菌剂
甲基立枯磷	杀菌剂
甲基硫菌灵	杀菌剂
甲霜灵	杀菌剂
腈苯唑	杀菌剂
腈菌唑	杀菌剂
精甲霜灵	杀菌剂
克菌丹	杀菌剂
醚菌酯	杀菌剂
嘧菌酯	杀菌剂
嘧霉胺	杀菌剂

（续）

组分名称	备注
氰霜唑	杀菌剂
噻菌灵	杀菌剂
三乙膦酸铝	杀菌剂
三唑醇	杀菌剂
三唑酮	杀菌剂
双炔酰菌胺	杀菌剂
霜霉威	杀菌剂
霜脲氰	杀菌剂
萎锈灵	杀菌剂
戊唑醇	杀菌剂
烯酰吗啉	杀菌剂
异菌脲	杀菌剂
抑霉唑	杀菌剂
棉隆	熏蒸剂
威百亩	熏蒸剂
2 甲 4 氯 MCPA	除草剂
氨氯吡啶酸	除草剂
丙炔氟草胺	除草剂
草铵膦	除草剂
草甘膦	除草剂
敌草隆	除草剂
噁草酮	除草剂
二甲戊灵	除草剂
二氯吡啶酸	除草剂
二氯喹啉酸	除草剂
氟唑磺隆	除草剂
禾草丹	除草剂
禾草敌	除草剂
禾草灵	除草剂
环嗪酮	除草剂
磺草酮	除草剂
甲草胺	除草剂

（续）

组分名称	备注
精吡氟禾草灵	除草剂
精喹禾灵	除草剂
绿麦隆	除草剂
氯氟吡氧乙酸（异辛酸）	除草剂
氯氟吡氧乙酸异辛酯	除草剂
麦草畏	除草剂
咪唑喹啉酸	除草剂
灭草松	除草剂
氰氟草酯	除草剂
炔草酯	除草剂
乳氟禾草灵	除草剂
噻吩磺隆	除草剂
双氟磺草胺	除草剂
甜菜安	除草剂
甜菜宁	除草剂
西玛津	除草剂
烯草酮	除草剂
烯禾啶	除草剂
硝磺草酮	除草剂
野麦畏	除草剂
乙草胺	除草剂
乙氧氟草醚	除草剂
异丙甲草胺	除草剂
异丙隆	除草剂
莠灭净	除草剂
唑草酮	除草剂
仲丁灵	除草剂
2,4-滴，2,4-D（只允许作为植物生长调节剂使用）	植物生长调节剂
矮壮素	植物生长调节剂
多效唑	植物生长调节剂
氯吡脲	植物生长调节剂
萘乙酸	植物生长调节剂

（续）

组分名称	备注
噻苯隆	植物生长调节剂
烯效唑	植物生长调节剂

注1. 该清单每年都可能根据新的评估结果发布修改单。
2. 国家新禁用的农药自动从该清单中删除。

有机水果生产允许使用的植物保护产品须符合标准 GB/T 19630.1—2011《有机产品 第1部分：生产》的规定，允许使用的植物保护产品见表 2-29。

表 2-29 有机水果生产允许使用的植物保护产品清单

类别	名称和组分	使用条件
Ⅰ. 植物和动物来源	楝素（苦楝、印楝等提取物）	杀虫剂
	天然除虫菊素（除虫菊科植物提取液）	杀虫剂
	苦参碱及氧化苦参碱（苦参等提取物）	杀虫剂
	鱼藤酮类（如毛鱼藤）	杀虫剂
	蛇床子素（蛇床子提取物）	杀虫、杀菌剂
	小檗碱（黄连、黄柏等提取物）	杀菌剂
	大黄素甲醚（大黄、虎杖等提取物）	杀菌剂
	植物油（如薄荷油、松树油、香草油、八角茴香油）	杀虫剂、杀螨剂、杀真菌剂、发芽抑制剂
	寡聚糖（甲壳素）	杀菌剂、植物生长调节剂
	天然诱集和杀线虫剂（如万寿菊、孔雀草、芥子油）	杀线虫剂
	天然酸（如食醋、木醋和竹醋等）	杀菌剂
	菇类蛋白多糖（蘑菇提取物）	杀菌剂
	水解蛋白质	引诱剂，只在批准使用的条件下，并与本附录的适当产品结合使用。
	牛奶	杀菌剂
	蜂蜡	保护嫁接和修剪
	蜂胶	杀菌剂
	明胶	杀虫剂
	卵磷脂	杀真菌剂
	具有驱避作用的植物提取物（大蒜、薄荷、辣椒、花椒、薰衣草、柴胡、艾草的提取物）	驱避剂
	害虫天敌（如寄生蜂、瓢虫、草蛉等）	控制虫害

（续）

类别	名称和组分	使用条件
Ⅱ. 矿物来源	铜盐（如硫酸铜、氢氧化铜、氯氧化铜、辛酸铜等）	杀真菌剂，防止过量施用而引起铜的污染
	石硫合剂	杀真菌剂、杀虫剂、杀螨剂
	波尔多液	杀真菌剂、每年每公顷铜的最大使用量不超过 6kg
	氢氧化钙（石灰水）	杀真菌剂、杀虫剂
	硫黄	杀真菌剂、杀螨剂、驱避剂
	高锰酸钾	杀真菌剂、杀细菌剂，仅用于果树和葡萄
	碳酸氢钾	杀真菌剂
	石蜡油	杀虫剂、杀螨剂
	轻矿物油	杀虫剂、杀螨剂；仅用于果树、葡萄和热带作物（如香蕉）
	氯化钙	用于治疗缺钙症
	硅藻土	杀虫剂
	黏土（如斑脱土、珍珠岩、蛭石、沸石等）	杀虫剂
	硅酸盐（硅酸钠、石英）	驱避剂
	硫酸铁（3 价铁离子）	杀软体动物剂
Ⅲ. 微生物来源	真菌及真菌提取物（如白僵菌、轮枝菌、木霉菌等）	杀虫、杀真菌、除草剂
	细菌及细菌提取物（如苏云金芽孢杆菌、枯草芽孢杆菌、蜡质芽孢杆菌、地衣芽孢杆菌、荧光假单胞杆菌等）	杀虫、杀菌剂、除草剂
	病毒及病毒提取物（如核型多角体病毒、颗粒体病毒等）	杀虫剂
Ⅳ. 其他	氢氧化钙	杀真菌剂
	二氧化碳	杀虫剂，用于储存设施
	乙醇	杀菌剂
	海盐和盐水	杀菌剂，仅用于种子，尤其是稻谷种子
	明矾	杀菌剂
	软皂（钾肥皂）	杀虫剂
	乙烯	香蕉、猕猴桃、柿子催熟，菠萝调花，抑制马铃薯和洋葱萌发

（续）

类别	名称和组分	使用条件
Ⅳ. 其他	石英砂	杀真菌剂、杀螨剂、驱避剂
	昆虫性外激素	仅用于诱捕器和散发皿内
	磷酸氢二铵	引诱剂，只限用于诱捕器中使用
Ⅴ. 诱捕器、屏障	物理措施（如色彩诱器、机械诱捕器）	
	覆盖物（网）	

2. 农药采购和使用信息记录

（1）农药名称　通用名称，不用商品名称（由于商品名称多样，不规范，不利于质量安全追溯，应使用通用名称，即农药登记时的名称）。

（2）农药来源　应注明供应商名称，同时应注明“三证号”，即生产许可证号或批准文件号（表明我国法律和行政管理部门允许生产）、登记证号（表明法律和行政管理部门允许用于的作物）、产品批号或生产日期（标明批次，便于追溯）。

（3）使用作物及防治对象。

（4）有效成分含量和剂型。

（5）稀释倍数。

（6）使用量。

（7）使用方式。

（8）用药地块。

（9）用药环节、次数和时间。

（10）收获日期及安全间隔期。

（11）用药责任人。

（12）需记录的其他信息。

将以上 12 项加上环节和责任信息，制成表格（表 2-30）：

表 2-30　××××年××农户组农药采购和使用信息表

序号	环节	采集点	通用名	生产商名称	生产许可证号	登记证号	产品批次号（或生产日期）	购买数量（t或kg）	有效期	使用作物及防治对象	剂型及含量	稀释倍数	使用量（g或ml/667m^2）	使用方式	安全间隔期	使用时间	使用地块	用药责任人	备注

若农药采购和使用不是一个组织或个人，则分成2张表（表2-31及表2-32)。该两张表依据通用名、生产商名称、产品批次号（或生产日期）可以作唯一性对接来实施追溯，或者在使用信息表上用农药采购序号代替生产商名称、产品批次号（或生产日期），也可作唯一性对接实施追溯。

表2-31　××××年农资供应科农药采购信息表

序号	环节	采集点	通用名	生产商名称	生产许可证号	登记证号	产品批次号（或生产日期）	购买数量（t或kg）	有效期	安全间隔期	购买时间	购买人	备注

表2-32　××××年××农户组农药使用信息表

序号	环节	采集点	通用名	生产商名称	产品批次号（或生产日期）	使用作物及防治对象	剂型及含量	稀释倍数	使用量（g或ml/667m²）	使用方式	安全间隔期	使用时间	使用地块	用药责任人	备注

3. 肥料施用要求

（1）肥料种类　肥料分类方法很多，按成分化学性质分为有机、无机和有机无机肥料；按养分数量分为单一、配方肥料；按肥效分为速效、缓效（缓释）肥料；按物理状态分为固体肥料、液体肥料等。

从施用方式及目的进行分类：

①基肥（底肥）：作物播种或移栽前结合土壤耕作施用的肥料。施用量大，以有机肥和氮、磷、钾肥为主，除以上肥种外可适量施用微量元素肥。

②种肥：拌种或定植时施于幼苗附近的肥料。多用有机肥、速效化肥或菌肥。

③追肥：植物生长发育期间追施的肥料。多用速效化肥，施于土壤的称土壤追肥，施于叶面的称叶面追肥。

从肥料来源进行分类：

①粪尿肥：包括人及畜禽粪尿，这种肥料施用前必须充分腐熟，以杀死其中细菌和寄生虫。腐熟方法应因地制宜，如北方多次拌土日晒，直至

基本无臭味、无黏稠粪粒，也可适量拌用杀菌液制成土肥，但不可不拌土晒成干粪；南方高温多雨，可粪尿长期混存，也可适量拌用杀菌液，制成水肥。工业生产时，可拌黏土（红土或黑土），通过好氧发酵或厌氧发酵，然后造粒，制成粒肥。

②堆沤肥：包括畜禽圈舍粪尿拌以土、草、秸秆形成的厩肥，采用圈内堆沤腐熟方法或圈舍外堆沤腐熟方法；人畜禽粪尿拌以生活污水、土、草、秸秆、适量石灰形成的堆肥，可采取日晒发酵；人粪尿拌以泥土和草、秸秆、绿肥等植物，在淹水状态下形成的沤肥，可采取长期存放发酵。

③绿肥：品种多样，常见的有作物绿色叶、茎翻入土壤的肥料，包括部分大田作物和蔬菜收获后翻入土壤的绿肥；苜蓿等多年生绿肥；水萝卜和水葫芦等水生绿肥。

④秸秆肥：大田作物秸秆翻入土壤的肥料。

⑤饼肥：油料作物籽实榨油后剩下的残渣做成的肥料。

⑥大量元素肥料：主要包括氮肥（常用的尿素、一铵、二铵）、磷肥（常用的一铵、二铵以及肥效缓慢的过磷酸钙）、钾肥（常用的硫酸钾以及个别作物用的氯化钾）。除此以外，还有酸性土壤和缺钙土壤用的钙肥（常用生碳、熟石灰和碳酸钙）、酸性土壤和缺镁土壤用的镁肥（常用硫酸镁、硝酸镁、碳酸镁和菱镁矿）、碱性土壤和缺硫土壤用的硫肥（常用与其他元素结合的硫酸盐）。

⑦微量元素肥料：主要呈复混肥（复合肥和混合肥总称）形式，可呈氮、磷、钾肥，也可混入多种微量元素呈复混肥。金属元素主要呈硫酸盐、氯化物形式，如铁、锰、铜、锌；非金属元素主要呈酸性氧化物、含氧酸形式，如硼、钼；而氯则结合其他元素，呈氯化物，并无单独的氯肥。

⑧微生物肥料（菌肥）：含有活性微生物的肥料，起到特定的肥效。例如，根瘤菌肥料、固氮菌肥料以及复合微生物肥料等。

（2）*肥料施用原则* 肥料的作用是供给植物养分，提高农产品产量和质量；培肥地力，使土壤保持可持续的肥力；改良土壤，维护团粒结构，保持良好的通气性和养分输送能力；而且还要不污染环境，避免土壤重金属等有害成分积累和暴雨径流致使的水体富营养化。因此。在施用肥料时不能片面着重一个方面，而忽视其他方面。施肥的原则应是提高作物产量和品质、提高土壤肥力、提高肥料效益、不对环境造成污染。为此，可根据作物特性，因地制宜地采取配方施肥、测土施肥、深施、混施、施用缓释肥料，并对有机肥进行无害化处理。

（3）肥料施用规定和标准　标准NY/T 394—2013《绿色食品　肥料使用准则》对认证为绿色食品的水果产品可施用的肥料种类和不应施用的肥料种类都作了明确规定，其中AA级绿色食品生产可施用的肥料种类包括农家肥料、有机肥料和微生物肥料。

A级绿色食品生产可施用的肥料种类除AA级绿色食品生产可施用的肥料种类以外，还可施用有机－无机复混肥料、无机肥料和土壤调理剂。有机-无机复混肥料是指氮、磷、钾三种养分中，至少有两种养分标明是由化学方法和（或）掺混方法制成的肥料。无机肥料主要以无机盐形式存在，能直接为植物提供矿质营养的肥料。土壤调理剂是加入土壤中用于改善土壤的物理、化学和（或）生物性状的物料，功能包括改良土壤结构、降低土壤盐碱危害、调节土壤酸碱度、改善土壤水分状况、修复土壤污染等。

绿色食品生产不应施用的肥料种类包括：添加有稀土元素的肥料，成分不明确的、含有安全隐患成分的肥料，未经发酵腐熟的人畜粪尿，生活垃圾、污泥和含有害物质（如毒气、病原微生物、重金属等）的工业垃圾，转基因品种（产品）及其副产品为原料生产的肥料，国家法律法规规定不得使用的肥料。

有机水果生产允许施用的肥料须符合标准GB/T 19630.1—2011《有机产品　第1部分：生产》的规定，允许施用的土壤培肥和改良物质见表2-33。

表2-33　有机水果生产中允许使用的土壤培肥和改良物质

类别	名称和组分	使用条件
Ⅰ．植物和动物来源	植物材料（秸秆、绿肥等）	
	畜禽粪便及其堆肥（包括圈肥）	经过堆制并充分腐熟
	畜禽粪便和植物材料的厌氧发酵产品（沼肥）	
	海草或海草产品	仅直接通过下列途径获得：物理过程，包括脱水、冷冻和研磨；用水或酸和（或）碱溶液提取；发酵
	木料、树皮、锯屑、刨花、木灰、木炭及腐殖酸类物质	来自采伐后未经化学处理的木材，地面覆盖或经过堆制
	动物来源的副产品（血粉、肉粉、骨粉、蹄粉、角粉、皮毛、羽毛和毛发粉、鱼粉、牛奶及奶制品等）	未添加禁用物质，经过堆制或发酵处理

（续）

类别	名称和组分	使用条件
Ⅰ. 植物和动物来源	蘑菇培养废料和蚯蚓培养基质	培养基的初始原料限于本附录中的产品，经过堆制
	食品工业副产品	经过堆制或发酵处理
	草木灰	作为薪柴燃烧后的产品
	泥炭	不含合成添加剂。不应用于土壤改良，只允许作为盆栽基质使用
	饼粕	不能使用经化学方法加工的
Ⅱ. 矿物来源	磷矿石	天然来源，镉含量小于等于 90mg/kg 五氧化二磷
	钾矿粉	天然来源，未通过化学方法浓缩。氯含量少于 60%
	硼砂	天然来源，未经化学处理、未添加化学合成物质
	微量元素	天然来源，未经化学处理、未添加化学合成物质
	镁矿粉	天然来源，未经化学处理、未添加化学合成物质
	硫黄	天然来源，未经化学处理、未添加化学合成物质
	石灰石、石膏和白垩	天然来源，未经化学处理、未添加化学合成物质
	黏土（如珍珠岩、蛭石等）	天然来源，未经化学处理、未添加化学合成物质
	氯化钠	天然来源，未经化学处理、未添加化学合成物质
	石灰	仅用于茶园土壤调节 pH
	窑灰	未经化学处理、未添加化学合成物质
	碳酸钙镁	天然来源，未经化学处理、未添加化学合成物质
	泻盐类	未经化学处理、未添加化学合成物质

（续）

类别	名称和组分	使用条件
Ⅲ. 微生物来源	可生物降解的微生物加工副产品，如酿酒和蒸馏酒行业的加工副产品	未添加化学合成物质
	天然存在的微生物提取物	未添加化学合成物质

4. 肥料施用信息记录

肥料施用信息中的要素信息具体内容如下：

（1）肥料名称　应记录通用名称。若有可能，应记录有效成分及其含量。

（2）肥料来源　当地自产，如腐熟农家肥（如堆沤肥，包括畜禽圈舍粪尿拌以土、草、秸秆形成的厩肥），应注明腐熟方法（日晒发酵；人粪尿拌以泥土和草、秸秆、绿肥等植物，在淹水状态下形成的沤肥，可采取长期存放发酵等）；外地出产的腐熟农家肥应注明生产地点（或单位）。

（3）商品肥应注明产品标准。

（4）施用作物。

（5）施用环节信息　包括拌种施肥、定植施肥、基肥、生长时期土壤追肥、生长时期或开花结果时期的叶面追肥；

（6）施用量。

（7）施肥地块。

（8）施肥时间。

（9）施肥责任人。

（10）需记录的其他信息　例如，农家肥腐熟方式等。

将以上10项制成表格（表2-34）：

表2-34　肥料施用信息表

肥料名称	肥料来源	肥料产品标准	施用作物	施用环节	施用量（kg）	施肥地块	施肥时间	施肥责任人	备注

三、采后处理信息

【标准原文】

6.3　采后处理信息

清洗、分级、包装的批次、日期、投入品和规格、包装责任人等信息。

【内容解读】

1. 清洗

清洗的目的在于洗去水果表面附着的灰尘和泥沙、微生物以及部分残留的化学农药，确保产品清洁、卫生，保证产品品质；但要注意清洗用水的卫生性，最好符合国家规定的城乡生活饮用水。若在清洗过程添加果蔬清洗剂，果蔬清洗剂还要符合GB/T 24691—2009《果蔬清洗剂》标准要求。

2. 分级

水果分级涉及多项物理指标和化学指标，通常分为特等品、一等品、二等品等规格，评价指标有果形、色泽、果径、果面缺陷、糖度、酸度、果肉软硬度、有无外部损伤等指标，具体分级要求参照相关的国家或行业标准。

3. 包装批次

包装批次的信息是重要的连接信息。按照生产经营主体设置的追溯精度要求，同原料、同工艺、同设备、同班次加工的产品即为一个加工包装批次。

4. 包装日期

食品成为最终产品的日期，也包括包装日期，即将食品装入包装物或容器中，形成最终销售单元的日期。

（1）包装日期标示要求

①应清晰标示预包装食品的生产日期和保质期，如日期标示采用“见包装物某部位”的形式，标示所在包装物的具体部位。日期标示不得另外加贴、补印或篡改。

②当同一预包装内含有多个标示了生产日期及保质期的单件预包装食品时，外包装上标示的保质期应按最早到期的单件食品的保质期计算。外包装上标示的生产日期应为最早生产的单件食品的生产日期，或外包装形成销售单元的日期；也可在外包装上分别标示各单件装食品的生产日期和保质期。

③应按年、月、日的顺序标示日期。如果不按此顺序标示，应注明日期标示顺序。

5. 包装设施

包装设施一般包括包装机、封口机、日期打印（喷码）机等。

6. 投入品

水果在采后处理时，有时会使用防腐剂、保鲜剂和其他添加剂，使用时应当严格按照标签标注的使用范围、使用方法和剂量、使用技术要求和注意事项使用，不得扩大使用范围、加大用药剂量或者改变使用方法。另外应当建立使用记录，如实记录使用的时间、地点、对象以及名称、用量、生产企业等，使用记录应当保存 2 年以上。水果生产经营主体宜建立投入品管理制度，严格管理，记录其购买、使用等相关信息。

7. 包装规格

包装规格是指同一预包装内含有多件预包装食品时，对净含量和内含件数关系的表述。包装产品规格尺寸的设计应给封口、气调或采用真空包装留有足够余量，规格尺寸应参照有关尺寸标准规定，并与运输包装尺寸相匹配。

8. 包装材料

包装材料的选择应考虑产品包装和运输的要求，考虑包装方法、可承受的外力强度、成本耗费、实用性等因素。需要冷藏运输的新鲜水果，其包装材料的选择除考虑上述因素外，还应考虑所使用的预冷方法。包装材料应清洁、无毒、无污染、无异味；具有一定的防潮性、抗压性；应可回收利用或可降解。包装应能够承受得住装、卸过程中的人工或机械搬运；承受得住上面所码放物品的重量；承受得住运输过程中的挤压和振动；承受得住预冷、运输和存储工程中的低温和高湿度。

可用的包装材料有：

①纸板或纤维板箱子、盒子、隔板、层间垫等；

②木质箱、柳条箱、篮子、托盘、货盘等；

③纸质袋、衬里、衬垫等；

④塑料箱、盒、袋、网孔袋等；

⑤泡沫箱、双耳箱、衬里、平垫等。

9. 包装责任人

需要记录包装岗位人员的姓名、班次和对应的批次等信息。包装岗位操作人员应熟悉岗位职责，发现问题及时上报，避免因包装引起的产品质量安全风险。

【实际操作】

1. 包装批次

农业生产经营主体可以根据生产实际情况进行设定包装批次编制规则。例如，有多条生产线或加工线、多个生产班次或加工班组，编制规则按年（4 位）＋月（2 位）＋日（2 位）＋生产线或加工线（1 位）＋生产班次或加工班组（1 位）＋生产加工时间（1 位）。其中，生产线或加工线、生产班次或加工班组、生产加工时间可以是英文字母也可以用数字表示。集团企业如有多个分公司，编制时可后缀分公司简称。示例图见图 2-15。

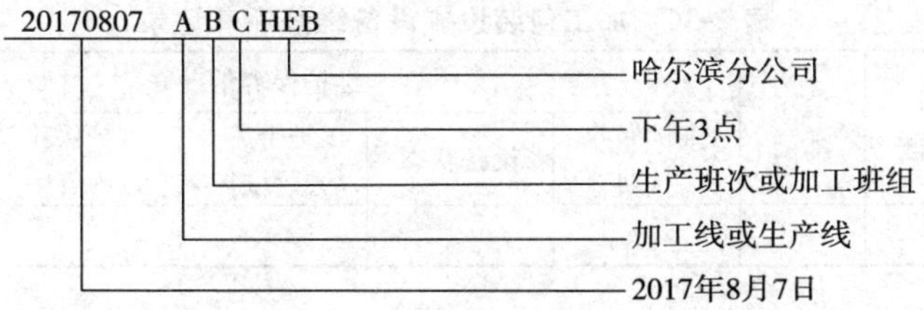

图 2-15 包装批次示例图

包装批次记录见表 2-35。

表 2-35 包装批次记录

原料来源	品种	产品名称	包装规格	包装数量	产品追溯码/生产批次号	责任人

2. 包装日期

包装日期中年、月、日可用空格、斜线、连字符、句点等符号分隔，或不用分隔符。年代号一般应标示 4 位数字，小包装食品也可以标示 2 位数字。月、日应标示 2 位数字。

日期的标示可以有如下形式：

2010 年 3 月 20 日；

2010 03 20；

2010/03/20；

20100320；

20 日 3 月 2010 年；

或采用月/日/年，有如下形式：

3 月 20 日 2010 年；

03 20 2010；

03/20/2010；

03202010。

3. 包装设施

产品的包装过程应保证产品的品质和卫生安全，避免杂质、致病微生物及金属物等污染产品。

加工包装设施设备维修保养记录应包括加工包装设施设备的名称、生产厂商、维护保养人名称，以及加工包装设施设备的状态、使用寿命、维修历史。

加工包装设施设备维修保养记录见表 2-36。

表 2-36　加工包装设施设备维修保养记录

设备名称	生产厂商	使用部门	维护保养情况				
			维护保养日期	设备状态	是否需进行维护	维护保养内容	维护保养人

4. 投入品

水果采后处理使用的防腐剂、保鲜剂和其他添加剂（主要是杀菌剂和植物生长调节剂），其使用原则、采购和使用信息记录参考第五节的“二、生产信息”农药的相关内容。

5. 包装标示

（1）净含量和规格

①净含量的标示应由净含量、数字和法定计量单位组成。

②标示包装物（容器）中食品的净含量，应采用法定计量单位：如固态食品，用质量克（g）、千克（kg）。

③同一预包装内含有多个单件预包装食品时，大包装在标示净含量的同时还应标示规格。

④规格的标示应由单件预包装食品净含量和件数组成，或只标示件数，可不标示“规格”二字。单件预包装食品的规格即指净含量。

GB 7718—2011《食品安全国家标准　预包装食品标签通则》中关于包装规格规定如下：

①单件预包装食品的净含量（规格）可以有如下标示形式：

净含量（或净含量/规格）：450g；

净含量（或净含量/规格）：225 克（200 克＋送 25 克）；

净含量（或净含量/规格）：200 克＋赠 25 克；

净含量（或净含量/规格）：（200＋25）克。

②同一预包装内含有多件同种类的预包装食品时，净含量和规格均可以有如下标示形式：

净含量（或净含量/规格）：40 克×5；

净含量（或净含量/规格）：5×40 克；

净含量（或净含量/规格）：200 克（5×40 克）；

净含量（或净含量/规格）：200 克（40 克×5）；

净含量（或净含量/规格）：200 克（5 件）；

净含量：200 克　规格：5×40 克；

净含量：200 克　规格：40 克×5；

净含量：200 克　规格：5 件；

净含量（或净含量/规格）：200 克（100 克＋50 克×2）；

净含量（或净含量/规格）：200 克（80 克×2＋40 克）；

净含量：200 克　规格：100 克＋50 克×2；

净含量：200 克　规格：80 克×2＋40 克。

③同一预包装内含有多件不同种类的预包装食品时，净含量和规格可以有如下标示形式：

净含量（或净含量/规格）：200 克（A 产品 40 克×3，B 产品 40 克×2）；

净含量（或净含量/规格）：200 克（40 克×3，40 克×2）；

净含量（或净含量/规格）：100 克 A 产品，50 克×2 B 产品，50 克 C 产品；

净含量（或净含量/规格）：A 产品：100 克，B 产品：50 克×2，C 产品：50 克；

净含量/规格：100 克（A 产品），50 克×2（B 产品），50 克（C 产品）；

净含量/规格：A 产品 100 克，B 产品 50 克×2，C 产品 50 克。

（2）保质期　保质期可以有如下标示形式：

最好在……之前食（饮）用；……之前食（饮）用最佳；……之前最佳；

此日期前最佳……；此日期前食（饮）用最佳……；

保质期（至）……；保质期××个月（或××日，或××天，或××周，或×年）。

（3）储存条件　储存条件可以标示“储存条件”“储藏条件”“储藏方法”等标题，或不标示标题。

储存条件可以有如下标示形式：

常温（或冷藏，或避光，或阴凉干燥处）保存；

××℃～××℃保存；

请置于阴凉干燥处；

常温保存，开封后需冷藏；

温度：≤××℃，湿度：≤××％。

（4）生产者、经销者的名称、地址和联系方式

①应当标注生产者的名称、地址和联系方式。生产者名称和地址应当是依法登记注册、能够承担产品安全质量责任的生产者的名称、地址。有下列情形之一的，应按下列要求予以标示：

一是依法独立承担法律责任的集团公司、集团公司的子公司，应标示各自的名称和地址。

二是不能依法独立承担法律责任的集团公司的分公司或集团公司的生

产基地，应标示集团公司和分公司（生产基地）的名称、地址；或仅标示集团公司的名称、地址及产地，产地应当按照行政区划标注到地市级地域。

三是受其他单位委托加工预包装食品的，应标示委托单位和受委托单位的名称和地址；或仅标示委托单位的名称和地址及产地，产地应当按照行政区划标注到地市级地域。

②依法承担法律责任的生产者或经销者的联系方式应标示以下至少一项内容：电话、传真、网络联系方式等，或与地址一并标示的邮政地址。

6. 包装材料

水果包装按形式分为外包装和内包装；按流通过程分为田间包装、运输包装、储藏包装和销售包装。以上包装分类，在实际应用时有的一致，有的不一致，要视具体情况而定。

内包装的材料以塑料网套和塑料薄膜为主，依据水果的种类、数量、储藏期等选用不同类型的塑料网套和塑料薄膜，在超市销售的水果，有的是将产品放入塑料网套内，有的是用保鲜膜紧缩包装。

外包装材料主要有竹、荆条、木条、塑料、泡沫、硬纸、尼龙等，经加工制成各种容器，如竹筐、荆条筐、塑料筐、木箱、板条箱、纸箱、瓦楞纸箱、泡沫箱、网袋、尼龙编织袋等，用于水果的储藏和运输，部分也用于市场的销售。

包装材质来源应满足以下要求：

（1）包装材料要求

①应按包装技术要求，合理选择安全、卫生、环保的包装材料；

②包装材料不应与内装物发生任何物理和化学作用而损坏内装物，包装材料应为食品级材质；

③与内装物直接接触的包装容器和材料应符合相应材质卫生标准及产品标准的要求；

④采用气调、真空等包装技术的，气密性应符合相关标准的要求。

（2）包装材料的选择原则

①对水果具有较好的保护性，在装卸、运输和堆码过程中有足够的机械强度；

②具有一定的通透性，有利于产品散热及气体交换；

③具有一定的保湿保鲜性能，可减少水分损失；

④具有无污染、无异味、无有害化学物质、卫生美观、重量轻、成本低、易于回收和处理等特点；

⑤包装要与被包装商品的价值与档次相适应，切忌一流产品、二流包装、三流价格的落后包装和过度华丽包装增加消费负担；

⑥包装容器的尺寸、形状应根据产品特点及储运与销售的需要来确定，以便最大限度地提高产品的质量和经济效益。

(3) 包装材料的控制

①建立与产品直接接触内包装材料合格供方名录，制定验收标准；

②包装材料接收时应由供方提供符合相关法律法规、标准要求的检验报告；

③当供方或材质发生变化时，应重新评价，并由供方提供检验报告。

(4) 包装材料采购与验收记录

①包装材料的名称、规格、数量、采购日期、供货单位、合格证、合同名称、采购者名称；

②包装材料的供货清单、供货日期、供货者名称及其联系方式；

③包装材料的验收所依据标准或者规范的名称（或编号）、验收情况、验收不合格包装材料的处理、验收者名称；

④包装材料的储存地点、储存条件、保质期，如产品采用复合膜或袋进行包装，则依据 GB/T 21302—2007《包装用复合膜、袋通则》中规定包装材料产品保质期自生产之日起一年。

包装材料采购记录见表 2-37，包装材料验收记录见表 2-38。

2-37 包装材料采购记录

采购日期	包装材料名称	产品批号	规格	数量	检测报告	供货商	联系方式	采购人

2-38 包装材料验收记录

包装材料名称		规格	
产品批号		供应商	
验证项目			
序号	验证项目	验证情况	判定
1	尺寸	□有□无	□符合□不符合
2	破损	□有□无	□符合□不符合
3	图案、文字是否清晰、正确	□有□无	□符合□不符合
验收结果：□合格□不合格			
检验员：			检验时间：

四、产品储存信息

【标准原文】

6.4　产品储存信息

储存位置、储存日期、储存设施、储存环境等信息。

【内容解读】

储存日期应包括入库和出库日期；储存位置如有多个，可以编号的形式说明具体位置，如1号仓库、2号仓库等；储藏设施包括常温储藏所用架设、冷藏或冷冻所用设施；储藏环境应包括温度和湿度。责任人定期检查质量和卫生情况，及时清理变质或超过保质期的产品，责任人应做好定期检查。

【实际操作】

水果储存要求包括：

1. 仓库要求

仓库保持清洁，在使用前选择食品卫生法规定允许使用的消毒剂进行消毒，仓库卫生应符合GB 14881—2013《食品安全国家标准　食品生产通用卫生规范》要求。仓库温度和湿度根据不同的水果设定，并且保持恒定避免骤然升降。仓库内应最大限度地保持空气流动分布均匀。

2. 堆码要求

产品应按照品种分库、分垛、分等级堆码，为便于货垛空气环流散热降温，储藏密度不应高于相应水果的冷藏标准规定。货位堆码应分别按照相应水果的要求进行堆放。

3. 储存记录

建立储存设施管理记录程序。应记录并保存产品入库的日期、库号、追溯码、名称、规格、数量、储藏条件、产品批次号、责任人。产品储藏记录见表2-39。

表2-39　产品储藏记录

日期	库号	追溯码	产品名称	规格	数量	储藏条件	产品批次号	责任人

五、产品运输信息

【标准原文】

6.5 产品运输信息

运输车型、车号、运输环境条件、运输日期、运输起止地点、数量等信息。

【内容解读】

运输工具包括车、船，应进行编号；运输车应保证车厢洁净无异味，记录车辆卫生状况；运输日期和位置均应记录起止的日期和位置；运输数量可以吨（t）或件记录。同时，为了运输产品可追溯，记录上应有产品追溯码。

【实际操作】

1. 运输工具要求

装运水果的车厢，船舱等应保持干燥、清洁、无污染。运输工具在装运前应清理干净，必要时进行清洗、消毒。运输工具的铺垫物、遮盖物等应清洁、无毒、无害。

2. 运输管理

装运前应检查运输数量，填写运输单据，运输单据字迹清晰，内容正确、齐全。储运图示标必须符合 GB/T 191—2008《包装储运图示标志》的规定。收发货物标志应符合 GB/T 6388—1986《运输包装收发货标志》的规定。运输过程中防止雨淋，装卸过程应轻装轻卸，防止强烈挤压和剧烈震动，不得损坏包装件。运输过程应有完整的记录，并保留相应的单据。

产品运输信息见表 2-40。

表 2-40 产品运输信息

追溯码	运输工具	运输号	车辆卫生状况	运输日期	起止位置	运输数量	责任人

六、市场销售信息

【标准原文】

6.6 市场销售信息

市场流向、分销商、零售商、进货时间、销售时间等信息。

【内容解读】

1. 发货人、市场流向、分销商、零售商

发货人是指办理货物托运手续的办理人，可以是货主，也可以是受委托的代理人。市场流向的信息首先为具体的省市，其后应是具体的分销商、零售商。分销商不一定直接零售，它可流转到零售商，零售商则直接销售给消费者。以上销售信息结合追溯码上反映的信息，可以确保产品追溯信息从生产到消费的可追溯性。

2. 进货时间、保存条件、产品批次号

这些信息是零售商应记录的信息。进货时间可帮助确保产品不超过保质期。保存条件应符合产品储藏条件，如常温、冷藏或冷冻条件。产品储藏条件也是产品变质检查原因的依据之一。产品批次号，即产品生产批次。

【实际操作】

产品销售信息见表 2-41。

表 2-41 产品销售信息

序号	产品追溯码	发货人	市场流向	分销商	零售商	进货时间	保存条件	产品批次号	责任人

七、产品检验信息

【标准原文】

6.7 产品检验信息

产品来源、检验日期、检验机构、检验结果等信息。

【内容解读】

《中华人民共和国食品安全法》第五十一条规定，食品生产企业应当建立食品出厂检验记录制度，查验出厂食品的检验合格证和安全状况，如实记录食品的名称、规格、数量、生产日期或者生产批号、保质期、检验合格证号、销售日期以及购货者名称、地址、联系方式等内容，并保存相关凭证。记录和凭证保存期限应当符合《中华人民共和国食品安全法》第五十条第二款的规定。

《中华人民共和国食品安全法》第五十二条规定，食品、食品添加剂、食品相关产品的生产者，应当按照食品安全标准对所生产的食品、食品添加剂、食品相关产品进行检验，检验合格后方可出厂或者销售；第八十九条规定，食品生产企业可以自行对所生产的食品进行检验，也可以委托符合本法规定的食品检验机构进行检验。

根据以上食品安全法的规定，为了便于产品追溯，产品的检验信息包括：产品的来源信息，即该批产品及其原料的详细来源，如原料在哪里购买或哪里生产的、产品在哪里生产的、哪个批次等；产品的检测日期，即产品的出厂检测日期和型式检验日期；检测机构，即生产经营主体的实验室信息，包括人员管理档案、人员培训、上岗记录，仪器检定维护记录等；产品标准，即产品应符合的标准，普通食品、有机食品和绿色食品分别为依据的国家产品标准、有机产品标准和绿色食品产品标准。产品批次，即产品生产批次；检验结果，如原始记录，检验报告等。

【内容解读】

1. 产品来源

产品的来源信息体现在检验登记台账和抽样单上。检验登记台账包括样品编号、产品名称、抽样基数、样品数量、生产日期/生产批次号、抽样日期、抽样地点、记录人签名等。检验登记台账见表 2-42。

表 2-42 检验登记台账

样品编号	产品名称	抽样基数	样品数量	生产日期/批次	抽样时间	抽样地点	记录人

确定来源后进行抽样，填写产品抽样单（见表 2-43）。其中，检验类别包括出厂检验、型式检验（包括自检或交送质检部门）。抽样单包括检验登记台账信息、执行标准、追溯码、受检单位、抽样方法、受检单位（人）签字盖章和抽样人（2 人）签名等信息；样品基数是指抽取样品的产品数量，单位为 t 或 kg 等，产品数量为一个追溯精度的产量，可以是一个批次的产量。抽样方法填写随机抽样国家标准。

表 2-43 型式检验产品抽样单

单位全称			
通信地址			
追溯编码		电话号码	
产品名称		型号规格	

（续）

抽样地点		注册商标	
样品数量		检验类别	
抽样基数		产品等级	
执行标准		样品状态	
生产日期		到样日期	
抽样方法：		交送质检部门方式：	
受检单位经手人（签字） 年 月 日		受检单位法人（签字） 年 月 日（公章）	
抽样单位经手人（签字） 年 月 日		抽样单位法人（签字） 年 月 日（公章）	

2. 检验机构

（1）实验室设施环境　实验室使用面积适宜，布局合理、顺畅，无交叉污染，水电气齐备，温湿度与光线满足检测要求，通风要求良好，台面、地面清洁干净，实验室无噪声、粉尘等影响，安全设施齐全。

（2）人员管理　实验室所有检测人员应具备产品检验检测相关知识。检验人员要掌握分析所必需的各种实验操作技能，掌握仪器设备的维护、保养基本知识，具备独立检测能力。定期对人员培训，做好相应的记录，并建立人员档案，一人一档。

3. 检测设备

实验室检测仪器应定期进行检定或校准，保存相关记录，仪器设备应粘贴有效标识。仪器设备应授权给专人使用，并按照使用说明进行操作，定期维护。

纳入《中华人民共和国强制检定的工作计量器具明细目录》和《中华人民共和国依法管理的计量器具目录》的工作计量器具，应经有资质的计量检定机构计量检定合格，获得合格检定证书。没有计量检定规程而不能计量检定的工作计量器具，可以按 JJF1071—2010《国家计量校准规范编写规则》要求编制自校规程进行自校，也可以委托计量检定资质机构校准。检定周期可参考 GB/T 27404—2008《实验室质量控制规范　食品理化检测》附录 B“食品理化检测实验室常用仪器设备及计量周期”的规定。

4. 检测时间和检验结果

检测结果由检验报告体现，检验报告包括检验报告编号（同样品编号)、追溯码、产品名称、受检单位等。

检测原始记录是编制检验报告的依据，是查询、审查、审核检测工作质量、处理检测质量抱怨和争议的重要凭据。因此，检测原始记录内容应包括影响检测结果的全部信息，通常应包括以下内容：检测项目名称和编号，方法依据，试样状态，检测日期，检测、校核、审核人员签名等信息。

（1）*出厂检验（交收检验）项目、方法要求*　对正式生产的产品在出厂时必须进行的最终检验，用以评定已通过型式检验的产品在出厂时是否具有型式检验中确认的质量，是否达到良好的质量特性的要求。产品标准中规定出厂检验（交收检验）项目和方法标准的，按产品标准的规定执行。部分产品标准中仅规定了技术要求和参数的方法标准，没有规定产品出厂检验（交收检验）项目的，可以按规定的产品出厂检验（交收检验）项目和方法标准执行。

在不违反我国法律法规、政府文件和我国现行有效标准前提下，产品出厂检验（交收检验）按贸易双方合同中约定的产品的质量安全技术要求、检验方法、判定规则的要求执行。如果企业实验室具备独立检测的能力，可以自行检测；如果不具备独立检测能力可以全部委托有资质的质检机构进行出厂检验，完成出厂检验（交收检验）后应规范地填写出厂检验报告。出厂检验报告见表 2-44。

表 2-44　出厂检验报告

<table>
<tr><td>样品名称</td><td colspan="2"></td><td>样品编号</td><td></td></tr>
<tr><td>样品来源</td><td colspan="2"></td><td>代表数量</td><td></td></tr>
<tr><td>序号</td><td>项目</td><td>技术要求</td><td>检验结果</td><td>单项判定</td></tr>
<tr><td>1</td><td></td><td></td><td></td><td></td></tr>
<tr><td>2</td><td></td><td></td><td></td><td></td></tr>
<tr><td>3</td><td></td><td></td><td></td><td></td></tr>
<tr><td>……</td><td>……</td><td></td><td></td><td></td></tr>
<tr><td colspan="2">检验结论</td><td colspan="3">所检项目符合××《××》标准规定的要求，判该批产品××。</td></tr>
<tr><td colspan="5">备注：追溯码</td></tr>
</table>

检验人：　　　　　　　　　　　　　　　　责任人：
年　月　日　　　　　　　　　　　　　　　年　月　日

产品在生产过程和入库后，应当按照产品标准要求检测产品的规定参数（企业可以根据本单位实际情况增加项目）。

（2）*型式检验项目、方法要求*　型式检验是依据产品标准，对产品各项指标进行的全面检验，以评定产品质量是否全面符合标准。在有下列情况之一时，应进行型式检验：新产品或者产品转厂生产的试制定型鉴定；正式生产后，如结构、材料、工艺有较大改变，可能影响产品性能时；长期停产后，如结构、材料、工艺有较大改变，可能影响产品性能时；长期停产后恢复生产时；正常生产，按周期进行型式检验；出厂检验（交收检验）结果与上次型式检验有较大差异时；国家质量监督机构提出进行型式检验要求时；用户提出进行型式检验的要求时。

型式检验的检验项目、检验方法标准、检验规则均按产品标准规定执行。按需要还可增测产品生产过程中实际使用，而产品标准中没有要求的某一种或多种农药、兽药、食品添加剂等安全指标参数。根据生产经营主体实验室技术水平和检测能力，可以由生产经营主体实验室独立承担、或部分自己承担和部分委托、也可全部委托有资质的质检机构承担型式检验。农产品型式检验的检验频次应保持在每年至少1次。型式检验报告见表2-45。

表2-45　＊＊＊监督检验测试中心（＊＊）

检验报告

No：　　　　　　　　　　　　　　　　　　　　　　　　共2页第1页

产品名称		型号规格	
抽检单位		商标	
受检单位		检验类别	
		样品等级	
生产单位		样品状态	
抽样地点		抽样日期 到样日期	
样品数量		抽样者 送样者	
抽样基数		原编号或 生产日期	
检验依据		检验项目	见报告第2页
所用 主要仪器		实验 环境条件	

（续）

检验结论	（检验检测专用章） 签发日期： 年 月 日
备注	追溯码：

批准： 审核： 制表：

＊＊＊监督检验测试中心（＊＊）

检测结果报告书

No： 共 2 页第 2 页

序号	检验项目	单位	标准要求	检测结果	单项结论	检测依据
1						
2						
3						
4						
5						
6						
7						
8						

第六节 信息管理

一、信息存储

【标准原文】

7.1 信息存储

应建立信息管理制度。纸质记录应及时归档，电子记录应每 2 周备份一次，所有信息档案至少保存 2 年以上。

【内容解读】

信息管理制度中信息指在农产品质量安全追溯系统建设和运行过程中形成的、与农产品质量安全追溯相关的信息。农业生产经营主体在农产品质量安全追溯过程中应建立统一规范、分级负责、授权共享、运行安全的信息管理制度。

农产品质量安全追溯系统记录信息主要分种植信息和加工信息两部分、信息的记录方式主要分为纸质记录和电子记录。各信息采集点采集人员应根据追溯产品的各个环节做好纸质记录并及时归档；纸质记录确认正确后由信息记录员录入质量安全追溯系统平台，形成电子记录。电子记录在每次录入完成后应每 2 周备份一次数据，纸质记录档案应防火、防潮、防盗。电子信息记录应定期进行整盘备份。所有信息档案均应由专门部门、专人负责保存 2 年以上。

【实际操作】

1. 信息管理制度的建立

农业生产经营主体为加强自身产品质量安全追溯信息系统管理及设备使用、维护，保障质量安全追溯工作顺利实施，制定农业生产经营主体的信息管理制度。农业生产经营主体信息管理制度旨在根据农业生产经营主体的产品质量安全追溯信息系统运行特点，结合生产管理现状、机构设置情况和设备分配情况，明确岗位责任，细化岗位分工，规范操作行为，确保系统设备正常维护、运行，保障追溯信息系统顺畅运行。农业生产经营主体信息管理制度的建立，应遵循注重实际、突出实效、强化责任、协调配合的原则。农业生产经营主体信息管理制度适用于承担该产品质量安全追溯信息系统运行任务的部门和人员。

2. 纸质记录的储存要求

各信息采集点采集人员根据追溯产品的生产环节做好纸质档案记录，尤其是在投入品的种类及使用信息、生产工艺中的产品收购、储藏、加工条件等记录。要求各采集点的原始档案记录要及时、真实、完整、规范，记录后认真核查，确认无误后由信息记录员录入质量安全追溯系统。加工环节要做到动态汇总整理，做好入库、出库及加工的详细记录，并及时汇总上传。所有纸质原始记录在种植阶段或加工阶段结束后，由信息采集员进行整理，统一上交，归档保管。原始记录应及时归档，装订成册，每册有目录，查找方便；原始档案有固定场所保存，要有防止档案损坏、遗失的措施。

3. 电子记录储存要求

各采集点的追溯信息应在每次录入完毕后进行备份。电子记录备份到计算机的非系统盘和可移动存储盘上。生产周期内，要保证定期将采集数据备份一次。农业生产经营主体信息中心要保证有新数据上传时的备份，并交由专人保管，做好记录。用于储存电子信息的计算机和可移动硬盘应专用、不可他用，做好电子病毒防护工作并定期进行杀毒管理。可移动硬盘存储设备应归档保管由专人负责，防止损坏。计算机追溯信息至少要保留 2 年。

二、信息传输

【标准原文】

7.2 信息传输

上一环节操作结束时，相关企业（组织或机构）应及时通过网络、纸质记录等传递给下一环节，企业、组织或机构汇总诸环节信息后传输到追溯系统。

【内容解读】

农产品追溯环节主要分为种植环节和加工环节，有种植、采摘、采后处理、包装、仓储、运输和销售等环节。建立畅通的通信网络，确保各信息采集点信息传递渠道畅通。各个环节操作时应及时准确，并做好相关纸质记录和电子记录。各个环节的信息记录应对应唯一性环节信息代码，以便传递给下一环节。

【实际操作】

信息传输包括承接、传递、编辑和上报。加工企业与农业生产经营主体实行一对一单线传承关系。将采集的信息数据以代码形式传递给下一环节，应准确无误，每个传递环节之间应进行核实。信息采集后要在第一时间通过网络或者可移动设备等将数据信息及时上报到信息中心。信息中心对上报的各个环节信息进行核实并编辑汇总，无误后将信息录入质量安全追溯系统。

三、信息查询

【标准原文】

7.3 信息查询

凡经相关法律法规规定，应向社会公开的质量安全信息可查询。内容应包括生产者、产品、产地、加工企业、批次、质量检验结果、产品标准等。

【内容解读】

生产经营主体采集的信息应覆盖种植、加工等全过程，满足追溯精度和深度的要求。使消费者能够查询到追溯产品的质量安全信息，其查询内容应突出个性化（查询信息应能图文并茂）。查询内容至少包括生产者、产品、产地、加工企业、批次、质量检验结果、产品标准等具体内容。

【实际操作】

生产经营主体应制订信息查询系统和产品追溯流程，确定每个环节信息采集内容和格式要求，汇总各信息采集点上报的数据，形成完整追溯链，并通过网络向数据中心上传数据。调试标签打印机、喷码机等专用设备，规范采集点编号，建立操作人员权限，形成符合生产经营主体实际的追溯系统，实现上市农产品可查询、可监管。

产品追溯标签是消费者查询的主要方式，生产经营主体应将追溯标签使用粘贴的方式或其他合理方式置于产品最明显的位置，方便消费者在购买时进行查询使用。

消费者通过查询农产品质量安全追溯码应可以查询到种植者、产品、产地、加工企业、批次、质量检验结果、产品标准等主要信息。生产经营主体应做到生产有记录、流向可追踪、信息可查询、质量可追溯、责任可界定。

第七节　追溯标识

【标准原文】

8　追溯标识

按 NY/T 1761 的规定执行。

【内容解读】

NY/T 1761《农产品质量安全追溯操作规程　通则》的规定内容：可追溯农产品应有追溯标识，内容应包括追溯码、信息查询方式、追溯标志；追溯标识载体根据包装特点采用不干胶纸制标签、锁扣标签、捆扎带标签、喷印等形式，标签位置显见，固着牢靠；标签规格大小由农业生产经营主体自行决定。

【实际操作】

1. 追溯标识的设计及内容

追溯标识要求图案美观，文字简练、清晰，内容全面、准确。追溯标识包括追溯标志；说明文字，表明农产品质量安全追溯等内容；信息查询渠道，包括语音渠道、短信渠道、条形码渠道、二维码渠道等；追溯码，由条形码和代码两部分组成。

目前，二维码广泛用于各种商标和商品识别中，主要有 QR 码、Maxi 码、PDF417 码、Aztcc 码等。QR 码具有超高可靠性、防伪性和可表示多种文字图像信息等特点，在我国被广泛应用，亦可以应用于追溯标签使用中。

2. 追溯标签的粘贴及形式

追溯标签的粘贴位置应美观、整齐、统一，位于直面消费者包装的显著位置。粘贴要牢固，防止脱落和磨损。依据产品及其包装材质，农业生产经营主体自主决定用不干胶纸制标签、锁扣标签、捆扎带标签或喷印等形式。采用喷码打印或激光打码时，应图案清晰、位置合理，且产品包装应体现查询方式。标签使用的规格大小由农业生产经营主体自行决定，其应与追溯产品包装规格匹配，大小适合自身产品即可。

3. 追溯标识载体的使用

追溯标识载体出入库时，要认真清点，做到数量、规格准确无误。追溯标识载体仅使用于追溯产品，其他产品严禁使用。追溯产品使用追溯标识载体时，必须按照要求在指定位置粘贴追溯标签或者喷制产品追溯码。

第八节 体系运行自查

【标准原文】

9 体系运行自查

企业追溯体系运行自查按 NY/T 1761 的规定执行。

【内容解读】

根据 NY/T 1761 规定，农业生产经营主体应建立追溯体系的自查制度，定期对农产品质量追溯体系的实施计划及运行情况进行自查。检查结果应形成记录，必要时提出追溯体系的改进意见。

1. 概述

自查制度是为检查农业生产经营主体各项农产品质量安全追溯活动是否符合体系要求，验证其所建立的农产品质量安全追溯体系运行的适宜性、有效性，评价是否达到农产品质量安全追溯体系建设预期目标而进行的，有计划的、独立的检查活动。通过自查，能发现问题、分析原因、采取措施解决问题，以实现农产品质量安全追溯体系的持续改进。

2. 目的

（1）确定受审核部门的农产品质量安全追溯体系建设符合规定要求。

（2）确定所实施的农产品质量安全追溯体系有效性满足规定目标。

（3）通过自查了解农业生产经营主体农产品质量安全追溯体系的活动情况与结果。

3. 依据

农产品质量安全追溯体系文件对体系的建立、实施提供具体运作的指导，是自查依据的主要准则。

4. 原则

对农产品质量安全追溯体系的实施计划及运行情况自查应遵从实事求是、客观公正、科学严谨的原则。

（1）客观性　客观证据应是事实描述，并可验证，不含有任何个人的推理或猜想。事实描述包括被询问的负有责任的人员的表述、相关的文件和记录等存在的客观的事实。对收集到的客观证据进行评价，并最终形成文件。文件内容包括自查报告、巡检员检查表、不符合项报告表、首末次会议签到等。通过文件形式以确保自查的客观性。

（2）系统性　自查分为材料审查和现场查看 2 种形式。

材料审查重点是检查农产品质量安全追溯体系文件的符合性、适宜性、可操作性。根据自查小组成员的分工，对照农产品质量安全追溯体系运行自查情况表中所规定的各项检查内容逐项进行，同时做好存在问题的记录。

现场查看重点是检查农产品质量安全追溯体系文件执行过程的符合性、达标性、有效性、执行效率。例如，察看农产品质量安全追溯产品生产的各个环节、质量安全控制点和相关原始记录情况；察看硬件网络和质量安全追溯设备配置建设情况、系统运行应用情况；检查系统管理员及信息采集员的操作应用情况、信息采集情况以及软件操作熟练程度；从农产品质量安全追溯系统中随机抽取若干个批次的追溯码进行可追溯性验证，查询各环节信息的采集和记录情况，将纸质档案与系统内信息进行对照检查，检查是否符合要求。符合性是指农产品质量安全追溯活动及有关结果是否符合体系文件要求。有效性是指农产品质量安全追溯体系文件是否被有效实施。达标性是指农产品质量安全追溯体系文件实施的结果是否达到预期的目标。

5. 人员配置及职责

根据农产品质量安全追溯体系自查工作需要，自查小组成员一般由农业生产经营主体中生产技术部、品质管理部、企业管理部、信息技术部等人员组成。根据自查小组成员自身专业特长和工作特点赋予其不同的职责。当农业生产经营主体规模较大，部门设置比较完善的情况下，可以由以下部门人员组成自查小组。当农业生产经营主体规模较小，部门设置不全的情况下，可以一人兼顾多人的工作职责组成自查小组。

（1）企业管理部人员　主要由从事项目管理、了解农产品质量安全追溯体系建设基本要求和工作特点的人员组成。主要承担农产品质量安全追溯体系的制度建立、规划制订等方面的工作。

（2）生产技术部人员　主要由从事农业生产、在某一特定的区域对某种产品的生产、加工、储运等方面具有一定知识的生产技术人员组成。主要承担农产品质量安全追溯体系的生产档案建立、信息采集点设置等方面的工作。

（3）品质管理部人员　主要由了解农产品质量安全标准、从事农产品检测等方面的人员组成。主要承担农产品质量安全追溯产品质量监控、产品检测、人员培训等方面的工作。

（4）信息技术部人员　主要由了解农产品质量安全追溯体系构成及应用、能够熟练处理追溯系统软、硬件问题的人员组成。主要承担农产品质量安全追溯体系应用等方面的工作。

6. 频次

（1）常规自查　按年度计划进行。由于农产品生产的特殊性，应每一生产周期至少自查一次。

（2）当出现质量安全事故或客户对某一环节连续投诉、内部监督连续发现质量安全问题时，或者农业生产经营主体组织结构、人员、技术、设施发生较大变化时，农业生产经营主体应增加自查频次。

【实际操作】

农产品质量安全追溯体系内部自查审核一般分为5个阶段：自查的策划与准备、自查的实施、编写自查报告、跟踪自查巡检验证、自查总结。

1. 自查的策划与准备

生产经营主体组织有关人员策划并编制年度自查计划（见表2-46），年度自查计划可以按受审核部门进行开展，由生产经营主体最高管理人授权成立自查小组，由自查组长编写自查实施计划（见表2-47）。自查实施计划内容包括自查的目的、性质、依据、范围、审核组人员、日程安排。自查工作文件主要包括自查不符合项报告（见表2-48）、自查报告（见表2-49）和农产品质量安全追溯体系运行自查情况表（见表2-50）。

表 2-46 年度自查计划

审核月份 条款/受审核部门		一月	二月	三月	四月	五月	六月	七月	八月	九月	十月	十一月	十二月
1	种植基地												
2	加工车间												
3	品质管理部												
4	销售部												
5	信息部												
6	企业管理部												
7	生产技术部												

表 2-47 自查实施计划

自查日期：				
自查目的：				
自查性质：				
自查依据：				
自查范围：				
自查组 组长： 副组长： 组员：				
日程安排				
日期	时间	受审核部门	条款/内容	自查员

表 2-48 自查不符合项报告

受审核部门		部门负责人	
自 查 员		审核日期	

不符合事实描述：

不符合：工作规范□ 应急预案□ 质量控制□ 信息运行□ 其他文件□
不符合文件名称（编号）及条款：

不符合类型： 体系性 □ 实施性 □ 效果性 □
要求纠正时限：一周 □ 二周 □ 三周 □ 约定时间 □
自查员： 部门负责人：
日期： 年 月 日 日期： 年 月 日

不符合原因分析及拟定纠正措施：

当 事 人： 日期： 年 月 日
自 查 员： 日期： 年 月 日
部门负责人： 日期： 年 月 日

纠正措施完成情况：

部门负责人： 年 月 日

纠正措施的验证：

自 查 员： 年 月 日
部门负责人： 年 月 日

自查组长： 年 月 日

表 2-49 自查报告

自查性质		自查日期	
自查组员：			
自查目的：			
自查范围：			
自查依据：			
自查过程综述： 自查组长：　　　　批准： 日期：　　　　　　日期：			

表 2-50 农产品质量安全追溯体系运行自查情况表

条款	检查内容	检查要点	不符合事实描述	整改落实情况
1	建立工作机构，相关工作人员职责明确	见机构和人员部分要求		
2	制订完善、可操作的追溯工作实施方案，并按照实施方案开展工作	见机构和人员部分要求		
3	制订完善的产品质量安全追溯工作制度和追溯信息系统运行制度	见管理制度部分要求		
4	产品质量安全事件应急预案等相关制度按要求修改并落实到位	见管理制度部分要求		
5	各信息采集点信息采集设备配置合理	见实施要求部分要求		
6	配置适合生产实际的标签打印、条码识别等专用设备	见实施要求部分要求		
7	追溯精度与追溯深度设置是否符合生产实际	见实施要求部分要求 见术语和定义部分要求		

（续）

条款	检查内容	检查要点	不符合事实描述	整改落实情况
8	采集的信息覆盖生产、加工等全过程的关键环节，满足追溯精度和深度的要求。具有保障电子信息安全的软硬件措施。系统运行正常，具备全程可追溯性	见实施原则部分要求 见信息采集部分要求		
9	规范使用和管理追溯标签、标识。信息采集点设置合理，生产档案记录表格设计合理。生产档案记录真实、全面、规范，记录信息可追溯。具有相应的条件保障企业内部生产档案安全	见信息采集部分要求 见追溯标识部分要求		
10	具有质量控制方案，并得以实施	见管理制度部分要求		
11	具有必要的产品检验设备，计量器具检定有效，产品有出厂检验和型式检验报告	见产品检验部分要求		

2. 自查的实施

自查的实施按照首次会议、现场审核、碰头会、开具不符合项报告及召开末次会议的程序进行。《自查首末次会议签到表》示例见表 2-51。

表 2-51 自查首末次会议签到表

会议名称	首次会议□ 末次会议□		
会议日期		会议地点	
参加会议人员名单			
签 名		职 务	

自查实施以首次会议开始，根据农产品质量安全追溯体系文件、自查表和计划的安排，自查员进入现场检查、核实。在现场审核时，自查员通过与受审核部门负责人及有关人员交谈、查阅文件和记录、现场检查与核对、调查验证、数据的汇总分析等方法，详细记录并填写农产品质量安全追溯体系运行自查情况表，经过整理分析和判断等综合分析，并经受审核方确认后开具不合格项报告，得出审核结论，并以末次会议结束现场审核。末次会上，由自查小组组长宣读自查不符合项报告，作出审核评价和结论，提出建议的纠正措施要求。

（1）首次会议　首次会议需要自查小组全体成员和受审核部门主要领导共同参加。会议应向受审核部门明确自查的目的意义、作用、方法、内容、原则和注意事项。宣布自查日程时间表、宣布自查小组成员的分工、自查过程、内容和现场察看地点等。

（2）现场审核　现场审核在整个自查过程中占据着重要的地位。自查工作的大部分时间是用于现场审核，最后的自查报告也是依据现场审核的结果形成的。现场审核记录要求清楚、全面、易懂、准确、具体。

（3）不符合项报告　不符合项报告中的不符合项包括文件的不符合项、人员的不符合项、环境的不符合项、设备的不符合项、溯源的不符合项等。按照类型可分为体系性不符合、实施性不符合和效果性不符合。体系性不符合是农产品质量安全追溯体系文件的制定与要求不符或体系文件的缺失，如未制订产品质量控制方案。实施性不符合指制定的农产品质量安全追溯体系文件符合要求且符合生产实际，但员工未按体系文件的要求执行。例如，规定原始记录应在工作中予以记录，但实际上都是进行补记或追记。效果性不符合指制定的农产品质量安全追溯体系文件符合要求且符合生产实际，员工也按体系文件的要求执行，但实施不够认真。例如，原始记录出现漏记、错记等。不符合事实陈述应力求具体，且所有不符合项均应得到受审核部门的确认。开具不符合项报告时，应考虑其应采取的纠正措施以及如何跟踪验证，是否找到出现不符合的根本原因。

（4）末次会议　末次会议需要自查小组全体成员和受审核部门主要领导共同参加。会议宣读不符合项报告，并提交书面不符合项报告，并提出后续工作要求（制定纠正措施、跟踪审核等）。

3. 编写自查报告

自查报告是自查小组结束现场审核后必须编制的一份文件。自查小组组长召集小组全体成员交流自查情况，并汇总意见，讨论自查过程中发现的问题，对农业生产经营主体农产品质量安全追溯体系建设工作进行综合评价，研究确定自查结论，对存在的问题提出改进或整改要求。自查小组需要交流汇总的主要内容包括自查主要内容、自查基本过程、可追溯性验证情况、自查的结论、对存在问题的限期改进或整改意见等。自查报告通常包括以下内容：审核性质、审核日期、自查组成员、自查目的、审核范围、审核依据、审核过程概述。

4. 跟踪审核验证

跟踪审核验证是自查工作的延伸，同时也对受审核部门的纠正措施进行审核验证，以及对纠正结果进行判断和记录。跟踪审核的目的：

（1）促使受审部门实施有效的纠正/预防措施，防止不符合项的再次发生；

（2）验证纠正/预防措施的有效性；

（3）确保消除审核中发现的不符合项。

自查组长应指定一名或几名自查员对不符合项的纠正，以及纠正措施的有效性进行跟踪验证，并确认完成及合格后，做好跟踪验证记录，将验证记录等材料整理归档（纠正措施完成情况及纠正措施的验证情况可在不符合项报告表中一并体现）。

5. 自查的总结

年度自查全部完成后，应对本年度的自查工作进行全面的评价，包括年计划是否合适、组织是否合理、自查人员是否适应自查工作等内容。

第九节 质量安全问题处置

【标准原文】

10 质量安全应急

企业质量安全问题处置按 NY/T 1761 的规定执行。

【内容解读】

NY/T 1761 规定，可追溯农产品出现质量安全问题时，农业生产经营主体应依据追溯系统界定产品涉及范围，查验相关记录，确定农产品质量问题发生的地点、时间、追溯单元和责任主体，并按相关规定采取相应措施。

1. 可追溯农产品

可追溯性即从供应链的终端（产品使用者）到始端（产品生产者或原料供应商）识别产品或产品成分来源的能力，即通过记录或标识追溯农产品的历史、位置等的能力。具有可追溯性的农产品即为可追溯农产品。

2. 质量安全问题

《中华人民共和国农产品质量安全法》规定农产品质量安全指农产品质量符合保障人的健康、安全的要求。农产品质量安全问题包括以下几方面：

（1）含有国家禁止使用的农药、兽药或者其他化学物质的。

（2）农药、兽药等化学物质残留或者含有的重金属等有毒有害物质不符合农产品质量安全标准的。

（3）含有的致病性寄生虫、微生物或者生物毒素不符合农产品质量安全标准的。

（4）使用的保鲜剂、防腐剂、添加剂等材料不符合国家有关强制性的技术规范的。

（5）其他不符合农产品质量安全标准的。

3. 农产品质量安全问题来源分析

建立了追溯系统的农业生产经营主体，在农产品发生质量安全问题时，可以根据农产品具有的追溯编码，查询到该问题产品的生产全过程的信息记录，从而确定问题产品涉及范围，判断质量安全问题可能发生的环节，确定农产品质量安全问题发生的地点、时间、追溯单元和责任主体。

农产品出现质量安全问题，主要发生在以下4个环节：

（1）含有国家禁止使用的农药或者其他化学物质，主要发生在种植环节，生产者违规使用了国家禁止使用的农药或其他化学物质。

（2）农药等化学物质残留或者含有的重金属等有毒有害物质不符合农产品质量安全标准，主要发生在种植环节，一方面生产者使用的农药没有达到药物安全间隔期即收获，导致药物残留不符合标准要求；另一方面，生产者没有按照国家标准规定（如农药的剂型、稀释倍数、使用量、使用方式等）正确使用药物，导致药物残留不符合标准要求。重金属含量超标主要由于产地环境不符合标准要求，如土壤或灌溉水中重金属含量超标，导致水果在生长过程中吸收富集重金属，最终导致水果中重金属含量不符合标准要求。

（3）含有的微生物或者生物毒素不符合农产品质量安全标准，主要发生在水果包装、仓储、运输环节，由于环境、卫生条件不符合要求，导致水果发生污染，从而产生微生物等有害物质，导致农产品质量不符合标准要求。

（4）使用的防腐保鲜剂及其他添加剂等不符合国家有关强制性的技术规范，主要发生在水果储藏和运输环节，由于违规使用国家规定使用防腐保鲜剂及其他添加剂或超量使用等原因，造成农产品质量不符合国家标准要求。

【实际操作】

农业生产经营主体应确保具有质量安全问题的农产品得到识别和处置，以防止其非预期的使用或消费。应编制相关文件控制程序，以规定质量安全问题产品识别和处置的有关责任、权限和方法，并保存所有程序的实施记录。

当具有质量安全问题的产品进入流通市场后，农业生产经营主体应实施预警反应计划和产品召回计划。当发生食品安全事故或紧急情况时，应启动应急预案。

1. 预警反应计划

农业生产经营主体应采用适宜的方法和频次监视已放行产品的使用安全状况，包括消费者抱怨、投诉等反馈信息。根据监视的结果评价已放行产品中安全危害的状况，并针对危害评价结果确定已放行产品在一定范围内存在安全危害的情况。

预警反应计划包括：识别确定安全危害存在的严重程度和影响范围；评价防止危害发生的防范措施的需求（包括及时通报所有受影响的相关方的途径和方式，以及受影响产品的临时处置方法）；确定和实施防范措施；启动和实施产品召回计划；根据产品和危害的可追溯性信息实施纠正措施。

2. 产品召回计划

产品召回计划应确定启动和实施产品召回计划人员的职责和权限；确定产品召回行动需符合的相关法律、法规和其他相关要求；制定并实施受安全危害影响的产品的召回措施；制定对召回产品进行分析和处置的措施；定期演练并验证其有效性。

3. 应急预案

农业生产经营主体应识别、确定潜在的产品安全事故或紧急情况，预先制订应对的方案和措施，必要时作出响应，以减少产品可能发生安全危害的影响。应急预案的编制应包括以下主要内容。

（1）概述　主要简要说明应急预案主要内容包括哪些部分。

（2）适用范围　说明应急预案适用的产品类别和事件类型、级别。编制依据，简述编制所依据的法律法规、部门规章，以及有关行业管理规定、技术规范和标准。工作原则，说明本单位应急工作的原则，内容简明扼要、明确具体。

（3）事件分级　根据可能导致的产品质量安全事件的性质、伤害的严重程度、伤害发生的可能性和涉及范围等因素对产品质量安全事件进行分级。

（4）风险描述　简述本企业的产品因质量问题可能导致人员物理、化学或生物危害的严重程度和可能性，主要危害类型，可能发生的环节以及可能影响的人群范围、可能产生的社会影响等。

（5）组织机构及职责　成立以企业负责人为组长、企业相关分管负责人为副组长，相关部门负责人等成员组成产品质量安全事件应急领导小组，并明确各组织机构及人员的应急职责和工作任务。

（6）监测与预警　包括信息监测、信息研判和信息预警。信息监测是确定本企业产品质量安全事件信息监测方法与程序，并对消费者投诉信息、政府监管部门和新闻媒体等信息的收集和筛查。信息研判是根据获取的产品质量安全事件信息，开展事件信息核实，并对已核实确认的事件信息进行综合研判，确定事件的影响范围及严重程度、事件发展蔓延趋势等。信息预警是企业建立健全产品质量安全事件信息预警通报系统，建立产品质量安全事件报告制度，明确责任报告单位和人员、报告程序及要求。

（7）应急响应　包括响应分级、先期处理、事件调查、告知及公告、产品召回、赔偿和后期处理。响应分级是根据产品质量安全事件导致的危害程度、影响范围和本企业控制事态的能力，对产品质量安全事件进行分级。先期处理是企业先期派出人员到达事发地后，按照分工立即开展工作，随时报告事件处理情况，并根据需要开展抽样送检等相关工作。事件调查是企业组织开展事件调查取证工作，评估事态的严重程度及危害性，企业品管部门会同有关部门对事故的性质、类型进行技术鉴定、做出结论。告知及公告是需要进行忠告性通知时，企业可选择适宜的方式如电话、传真、媒体等方式发布。产品召回是实施产品召回，依据产品销售台账，及时对已召回或未销售流通的问题产品实施封存、限制销售等措施。赔偿是主动向因本企业产品质量问题导致的受伤害的人员进行赔偿，避免事件影响扩大。后期处理是产品质量安全事件应急处置结束后，企业应对质量安全事件的处理情况进行总结，分析原因，提出预防措施，提请有关部门追究有关人员责任。

（8）保障措施　包括通信与信息保障、队伍保障、经费保障、物资装备保障、其他保障。

（9）应急预案附件　可以包括术语解释、人员联系方式、规范文本、有关协议或备忘录等。

各农业生产经营主体应根据本单位的具体情况，按照应急预案的基本编制原则，编制符合本单位的切实可行的应急预案。产品预警反应计划包含在应急预案中的，可以不必单独列出。

4. 质量安全问题产品处置

农业生产经营主体应通过以下一种或几种途径处置质量安全问题产品：

（1）返工　通过调整生产加工设备的工艺参数或条件进行处理可达到标准要求的产品，可以通过返工得到安全产品。在质量安全问题产品返工得到纠正后，应对其再次进行验证，以证实其符合质量安全要求。

（2）转作其他安全用途　通过降级或降等的方式，农产品可以转做饲料或其他工业原料等。

（3）销毁　含有的质量安全问题不可消除，且无法转作其他安全用途的产品，必须销毁，不可作为追溯产品销售。

5. 应急预案演练示例

×××苹果产品质量安全追溯应急预案演练（示例）

一、演练目的

通过本次苹果产品质量安全事故应急演练，检验各部门在苹果产品质量安全出现异常情况下应急处置工作的实际反应能力和运作效果，从而进一步完善产品质量安全应急体系，提高各小组成员处理突发事故的能力。

二、演练依据：

《×××苹果产品质量安全事件应急预案》及国家的相关法律、法规。

三、职责

应急小组全面负责、各部门协助。

四、演练事件设置

2018年7月×日上午8时，某超市经销商反馈，消费者购买的我公司生产的5kg包装的×××牌苹果，发现苹果烂心现象，现已有1人来超市进行退货。

五、演练流程

（一）启动应急预案

1. 应急小组

8时10分，质量安全事故应急小组成员赵××接到通知后，立即向应急小组组长报告此事件。8时15分，应急小组组长刘××得知产品问题后，迅速召开会议进行指挥、部署，启动应急预案，追溯事故原因，并进行妥善处理。

2. 心理安抚小组

8点30分，心里安抚小组，小组成员李××、于××及时与消费者取得联系，并对消费者进行思想稳定工作，稳定消费者情绪。耐心解答消费者提出的问题，防止过激行为发生。

3. 现场处置组

8点50分，现场处置组小组成员乔××、韩××到达超市现场，询问超市同批次产品的销售情况对问题产品展开调查，并对消费者进行退货的苹果和超市剩余同批次产品进行封样留存。

4. 事故调查组

9时20分，事故调查组小组成员王××、刘××、张××组成调查组，开始调查此次事故原因。由刘××利用问题产品的追溯码进行网络查询。

5. 后勤服务保障工作组

9时40分，后勤服务保障工作组开始及时对应急资金、应急车辆等进行调配，保证事故处理所需。9时50分，准备就绪。

各工作组在展开各项工作的同时，及时向指挥部通报情况，为组长的决策和下达指挥命令提供各项信息支持。

（二）网络追溯

9时40分，应急小组成员刘××通过产品追溯码查询得知，此苹果产品为2018年3月20日生产，包装规格为5千克/箱，包装箱为双瓦楞纸板箱，仓库为1号冷库，种植基地为×××农户组。销售日期为2018年4月2日，承运人赵××，运输方式为汽运，运输车辆车牌号×××××，销售去向为××市某超市。

随后，将该结果传送一份至调查组。调查组根据追溯结果紧急分析产品的种植、采摘、采后处理、储运过程、时间、地点、相关人员以及采集的数据。

调查组从田间管理、采摘、采后处理、储运等所有环节的电子和原始纸质记录进行比对，确定是否存在数据错误、不一致、产品检测数据不合格等问题。

（三）实地调查

调查小组现场调查证实，消费者购买的×××牌苹果，确系×××公司生产，追溯码为088×××××××08，该批次产品销售于×××超市。超市购入50箱，包装规格为5千克/箱，合计250kg，目前已销售22箱。通过进一步查看超市仓库存储环境及库存苹果质量情况，发现仓库温度较高，部分未开箱苹果已出现腐烂，综合分析，证实事故发生的原因系超市仓库温度较高，导致苹果腐烂变质。

（四）问题处理

10点20分，调查组将调查结果报告应急领导小组。听取汇报后，应急领导小组作出如下决定：委派质量安全事故应急领导小组成员赵××与超市进行对接，对剩余的28箱问题产品进行下架并停止销售，对问题产品作出销毁或改做其他用途的处理。

产品召回：通过电视台通知、超市现场挂条幅和超市滚动广播等方式，召回已销售的同追溯码疑似问题产品。

（五）信息发布

向经销商通告事故原因，并要求经销商加强存储环境管理，如有条件可放置于冷库中，避免类似事件发生。

配合监管部门，通过媒体发布整个事件的调查结果，避免引起恐慌。

（六）应急处置总结报告

该事故是由于存储环境温度较高致使苹果发生腐烂变质。在这起事故中暴露了产品销售过程监管不到位、责任意识不强，使产品品牌、企业形象受到影响；质量安全体系不够健全，监督措施落实不到位。

六、经验总结

（一）应急演练过程中存在的问题

个别部门工作效率低、部门协调性差、程序混乱等问题。

（二）建议

进一步加强领导，切实提高对应急反应工作的认识；进一步加强培训，全面提高应急反应工作水平及能力。

11时10分，应急领导小组组长刘××对应急预案演练进行了点评。

11时15分，整个演习结束。

附 录

ICS 67.040
X 09

NY

中华人民共和国农业行业标准

NY/T 1762—2009

农产品质量安全追溯操作规程 水 果

Operating rules for quality and safety traceability of agricultural products—Fruit

2009-04-23 发布 2009-05-22 实施

中华人民共和国农业部 发布

前　言

本标准由中华人民共和国农业部农垦局提出并归口。

本标准起草单位：中国农垦经济发展中心、农业部热带农产品质量监督检验测试中心。

本标准主要起草人：徐志、韩学军、王生。

农产品质量安全追溯操作规程　水果

1　范围

本标准规定了水果质量安全追溯的术语和定义、要求、编码方法、信息采集、信息管理、追溯标识、体系运行自检、质量安全问题处置。

本标准适用于水果质量安全追溯体系的实施。

2　规范性引用文件

下列文件中的条款通过本标准的引用而成为本标准的条款。凡是注日期的引用文件，其随后所有的修改单（不包括勘误的内容）或修订版均不适用于本标准，然而，鼓励根据本标准达成协议的各方研究是否可使用这些文件的最新版本。凡是不注日期的引用文件，其最新版本适用于本标准。

NY/T 1761　农产品质量安全追溯操作规程　通则

3　术语和定义

NY/T 1761 确立的术语和定义适用于本标准。

4　要求

4.1　追溯目标

追溯的水果产品可根据追溯码追溯到各个生产、采后处理、流通环节的产品、投入品信息及相关责任主体。

4.2　机构或人员

追溯的水果生产企业（组织或机构）应指定部门或人员负责追溯的组织、实施、监控和信息的采集、上报、核实及发布等工作。

4.3　设备和软件

追溯的水果生产企业（组织或机构）应配备必要的计算机、网络设备、标签打印机、条码读写设备及相关软件等。

4.4　管理制度

追溯的水果生产企业应制定产品质量安全追溯工作规范、信息采集规范、信息系统维护和管理规范、质量安全问题处置规范等相关制度，并组织实施。

5　编码方法

5.1　种植环节

5.1.1　产地编码

按 NY/T 1761 的规定执行。

5.1.2　地块编码

应对每个追溯地块编码。以种植时间、种植品种、生产措施相对一致的地理区域为一单位地块，按排列顺序编码，并建立编码地块档案。编码地块档案至少包括区域、面积、产地环境等信息。

5.1.3　种植者编码

生产、管理相对统一的种植户或种植组统称为种植者，应对种植者进行编码并建立种植者档案。种植者编码档案至少包括姓名（户名或组名）、种植区域、种植面积、种植品种等信息。

5.1.4　采摘批次编码

应对采摘批次进行编码，并建立采摘批次编码档案。采摘批次编码档案至少包括姓名（户名或组名）、采摘区域、采摘面积、采摘品种、采摘数量、采摘标准等信息。

5.2　采后处理环节

5.2.1　采后处理地点编码

应对采后处理地点进行编码，并建立采后处理地点编码档案。编码档案至少包括温度、卫生条件、地点等信息。

5.2.2　采后处理批次编码

应对采后处理批次进行编码，并建立采后处理批次编码档案。编码档案至少包括处理工艺、处理标准等信息。

5.2.3　包装批次编码

应对编制包装批次进行编码，并建立包装批次编码档案。编码档案至少包括产品等级、规格及检测结果等信息。

5.3　储运环节

5.3.1　储存设施编码

应对储存设施按照位置进行编码，并建立储存设施编码档案。编码档案至少包括位置、通风防潮状况、卫生条件等信息。

5.3.2　储存批次编码

应对储存批次进行编码，并建立存储批次编码档案。编码档案至少记录温度、湿度等信息。

5.3.3 运输设施编码

应对运输设施按照位置、牌号等进行编码，并建立运输设施编码档案。编码档案至少记录卫生条件、车辆类型、牌号等信息。

5.3.4 运输批次编码

应对运输批次编码，并建立运输批次编码档案。运输批次编码档案至少记录运输产品来自的存储设施、包装批次或逐件记录、运输起止地点、运输设施等。

5.4 销售环节

销售编码可用以下方式：

——企业编码的预留代码位加入销售代码，成为追溯码。

——在企业编码外标出销售代码。

6 信息采集

6.1 产地信息

产地代码、产地环境监测情况（包括取样地点、时间、监测机构、监测结果等）、种植者档案等信息。

6.2 生产信息

种苗、农业投入品的品名、来源、使用和管理；采摘信息，包括采摘人员、采摘时间、采摘数量、预冷等信息。

6.3 采后处理信息

清洗、分级、包装的批次、日期、设施、投入品和规格、包装责任人等信息。

6.4 产品储存信息

储存位置、储存日期、储存设施、储存环境等信息。

6.5 产品运输信息

运输车型、车号、运输环境条件、运输日期、运输起止地点、数量等信息。

6.6 市场销售信息

市场流向、分销商、零售商、进货时间、销售时间等信息。

6.7 产品检验信息

产品来源、检验日期、检验机构、检验结果等信息。

7 信息管理

7.1 信息存储

应建立信息管理制度。纸质记录应及时归档，电子记录应每 2 周备份一次，所有信息档案至少保存 2 年以上。

7.2 信息传输

上环节操作结束时，相关企业（组织或机构）应及时通过网络、纸质记录等形式将代码和相关信息传递给下一环节，企业（组织或机构）汇总诸环节信息后传输到追溯系统。

7.3 信息查询

凡经相关法律法规要求，应予向社会发布的信息，应建立相应的查询平台。内容至少包括种植者、产品、产地、采后处理企业、批次、质量检验结果、产品标准。

8 追溯标识

水果追溯标识按 NY/T 1761 的规定执行。

9 体系运行自查和质量安全问题处置

企业追溯体系运行自查和质量安全问题处置按 NY/T 1761 的规定执行